그대는 누구?

확률적 존재에게

그대는 누구?
확률적 존재에게

초판 1쇄 발행 2022년 11월 22일

지은이 섬휘
펴낸이 장길수
펴낸곳 지식과감성#
출판등록 제2012-000081호

교정 정은솔
디자인 김찬휘
편집 김찬휘
검수 한장희, 이현
마케팅 고은빛, 정연우

주소 서울시 금천구 벚꽃로298 대륭포스트타워6차 1212호
전화 070-4651-3730~4
팩스 070-4325-7006
이메일 ksbookup@naver.com
홈페이지 www.knsbookup.com

ISBN 979-11-392-0744-6(03810)
값 14,800원

- 이 책의 판권은 지은이에게 있습니다.
- 이 책 내용의 전부 또는 일부를 재사용하려면 반드시 지은이의 서면 동의를 받아야 합니다.
- 잘못된 책은 구입하신 곳에서 바꾸어 드립니다.

지식과감성#
홈페이지 바로가기

그대는 누구?

확률적 존재에게

섬휘 지음

목차

그대는 누구? 1	6	꿈을 꾸세요	67
친구	9	감사합니다 (김 연아,	
삼천포에서	12	타이스의 명상곡을 보고)	69
등잔불처럼	15	당신은 봄입니다	71
정인이에게	21	미안해 제니퍼	73
는, 도	30	야구장에서	79
연아 아리랑	32	나은이	84
토끼몰이	38	노부부	88
똥바가지	43	신호등	91
C	49	그땐 그랬지	
인정할 건 하고	53	(언어의 뾰족함이란……)	93
김치가 중국 것이면?	56	딴따라	98
기차는 달리고 싶소	60	토끼와 거북이	106
감나무	63	파출소에서 밤을	108

입춘	114	눈물3	175
용기의 집	119	눈물4	176
못 하나	124	하 재헌 중사	180
광주에서	126	고사	183
천자암에서	129	김 연아와 황진이	
노래하는 새	133	그리고 아리랑	187
정치적 동물	138	황진이를 만나다	196
눈물1	145	믿습니까?	201
눈물2	147	나는 나다	207
소와 어린이	153	강물은	
한 소녀의 힘이란	155	소리 없이 흐르고	212
앙굴라의 축복	158	꽃은 핀다	217
욕1	165	그대는 누구? 2	222
욕2	170		

그대는 누구? 1

한잔 술을 마십니다. 유명한 등반가에게(에베레스트산을 처음으로 오른 영국의 말로리로 생각합니다만) 기자가 물었습니다.
"당신은 왜 목숨을 잃을지도 모르는 위험을 무릅쓰고 산을 오르려 하오?"

"그곳에 산이 있기 때문이오."
등반가가 대답했습니다.

아둔하나마 제가 해석해 보건데
'우주의 모든 삼라만상은 존재한다는 것, 그것으로 나에게 행동하는 동기를 부여해 준다'는 뜻 같습니다.
과연 내가 존재한다는 이유 하나로 의미를 부여받을 수 있을지…….

술을 마시며 생각합니다.
'나는 왜 술을 마시는가?'
술이 처음부터 존재했던 것은 아닐 겁니다.

우연한 발견이든, 인간이 만들어 낸 발명이든 그것은 문명이었고 문화로 정착했습니다. 문화 속에는 질서가 있고 윤리가 있고 규칙이 있고 행위가 있게 마련입니다.

미국 와서 보니 그들은 혼자서 술을 잘도 마십니다. 혼자서 즐기는 문화 행위입니다.

하지만 우리는 다릅니다. 혼자서 마시는 경우는 없습니다. 혹, 혼자서 마신다 하더라도 그것은 술을 마셔야 하는 연유, 그 사연이 술을 따르는 것이오. 한 손이 술을 따르고 마시는 법이 아닙니다.

우리는 자리부터 마련해서 권커니 잣거니 함께 마십니다. 한민족의 피 속엔 함께 교통해야 하는 무엇이 있어야 하나 봅니다.

술을 왜 마시는가 묻는다면 나는,
'따르기에 마십니다.' 할 겁니다. 한잔 술을 따르며
'아, 내 살아 있음'을 확인하고, 한잔 술을 받으며
'내가 살아가는구나.' 더불어 부대낌을 안도합니다.

난 지금 혼자 술을 마십니다. 취한다고 해도 비틀대는 머리를 받쳐 줄 누구의 어깨도 없습니다.
하지만 이 순간은 필요 없을 것 같습니다. 그대가 있기 때문입니다. 나는 지금 마음속 그대가 따라 주는 술을 받습니다.

그대. 하루의 절망 속에서도, 하루의 이루지 못함 속에서도, 하루의 자책 속에서도, 하루의 눈물 속에서도 희망을 저버리지 않는 내가 있음은,

또 하루의 성숙을 이루어 냄도, 그대.
희망으로 호환되는 언어.

그대는 누구? ……
(30대의 어느 날에)

친구

사회 10년 친구라 했습니다.

사회생활에 접어들면 한 가정의 가장 역할을 할 나이에 이릅니다. 나이 차가 많다고 함부로 대해선 안 된다는, 어엿한 어른으로 대접해 줘야 한다는 뜻입니다.

사회에서 친구란 나이로 맺어진다기보다는 가치나 생각을 공유하며 가까워집니다. '말이 통한다'가 연결 고리입니다. 비슷한 아픔을 겪은 동병상련으로, 또는 이익을 함께 도모하며 친구가 되기도 합니다.

사회란 밥벌이 공간입니다. 눈치 볼 것 없는 탁 트인 광장입니다. 경쟁 선상에 놓인 사정으로 위아래를 따지고 다질 만큼 푼푼한 마음 씀씀이를 낼 만한 입장이 아니라는 다소 야박한 인정, 냉정한 현실을 담고 있습니다.

10년 친구란 그만큼 촘촘하지 못하고 간격이 벌어지는, 헐렁한 연결을 나타냅니다.

생각하는 방향이 다르거나, 이해관계가 변질되면 언제든지 틀어질 수 있음을 보여 줍니다.

고향 친구는 다른 무엇으로도 쉬 허물어뜨리지 못하는, 보다 근본적으로 묶여 있습니다.
같은 물을 마시고, 같은 언어(사투리)를 쓰고 성장하면서 정서적으로 끈끈하게 형성된 연대감과 동질감은 깊은 뿌리를 내려 친구라는 언어로 표현하기에는 부족한 심오한 무엇이 됩니다.

신뢰 약속 정직, 이런 사회적 관계 포장으로 밀착 정도를 드러내기에는 부족한, 가슴 밑바탕에서 이어져 있는 아련함입니다.

그 안에는 근원적인 애정이 녹아 있습니다. 원초적 기억 속에 매여 한 배를 밀고 가는, 운명적으로 얽혀 있는 실타래라 할까?
생각의 무게가 다르다고, 정치적 관점이나 가치의 차이로 쉬 손상되지 않는, 돌고 돌아도 돌아와야 하는 지점이 같은 사람들입니다.

잔가지들의 부딪침이거나 바람에 휩쓸려 상처가 나더라도 깊이에서 발원한 뿌리를 훼손할 수 없습니다.

그렇더라도 고향 친구라 해서 다 한가지는 아닙니다. 다른 생김새만큼이나 성격이나 품새가 가지각색입니다.

취중망언성 후회. 술 취해 내뱉는 망령된 말은 술 깨고 나서 후회

한다. 주자 10회훈에서 말합니다.

어찌 술에만 취하겠습니까? 이성에 취하면 독선주의자가, 무위자연에 취하면 이상주의자가, 절망에 취하면 허무주의자 내지는 자살주의자가, 부정에 취하면 염세주의자가, 사랑에 취하면 맹목주의자가 됩니다.

이렇듯 취한다는 것은 상실과 극단으로 가는 일방통행입니다.
하지만 취하고 취해도 부족하지 않고, 취할수록 존재감이 빛나는, 사람입니다. 그대입니다.

한잔 술을 핑계 삼아 그대에게 지긋이 취해 봅니다. 가끔은 그대에게 기대어 나를 더듬어 보렵니다. 아름다운 당신.
제게도 그런 친구가 있습니다.
늘 그 모습 그대로 한결같은, 은근한 친구가 있습니다.

삼천포에서

광주에 머물 때.

삼천포 선암사에 주석하시는 H 스님을 찾아뵐 일이 있어 길을 잡았다. 군대에서 오래 머물다(소령으로 제대한 걸로 안다) 출가하신 스님인데 풍채가 좋고 목소리에 힘이 넘친다.

교관으로서 부하들을 호령하던 습관이 몸에 배서인지 말에 절도가 있다.

의외로 성격은 배려심이 깊고 섬세하여, 남의 조그만 티사귀라도 눈에 띄면 지나치지 않고 손수 봐주고 넘어가야 성미에 차는 분이다.

"사천에서 ○○번 버스를 갈아타고 30분 정도 오면 삼천포가 나와요" 이렇게 시작해서 노정을 세세히 일러 준다.

내가 초행길이라 걱정이 되었는지 삼천포행 버스를 갈아타고 가는 도중에 또 전화다.

"지금 어디쯤 오고 계시오?"

"스님, 너무 걱정 마세요. 어쨌든 제가 삼천포로 빠지면 되는 거 아니겠습니까?"

"그래요. 그렇죠. 하하."

얼마 안 가니 조그만 시골 정류장이 나온다. 삼천포다. 행장을 챙겨 내렸다. 도착을 알리려고 전화기를 드는 순간

'아차', 그제서야 "삼천포를 지나 다음 정류장에서 내리라"는 스님의 말씀이 생각났다. 이미 차는 저만치 사라진 뒤였다.
이런, 나는 진짜 삼천포로 빠지고 말았다.

저녁 예불에 맞추자면 시간이 빠듯했다. 예불 시간을 엄격히 지키는 스님인데, 낭패다.

"스님, 어쩌죠?"
머리를 긁적이며 그만 엉뚱한 곳에 내리고 만 것을 변명 삼아 전화 말씀 올리는데, "아, 그래요. 잘 되었네요. 저도 노 보살님을 삼천포에 모셔 드리는 참이었어요. 조금만 기다리세요." 한다.

난 분명 삼천포로 샜는데, 스님은 오히려 내가 삼천포로 안 빠지고 딱 맞아떨어졌다 하니…….

사람 일이라는 게 참 알 수 없다. 실패가 성공이 되고 성공이 실패가 되기도 하는. 이긴 게 이긴 게 아니요. 진 게 진 게 아니다.

'그래 일단 저지르고 보는 거야. 되고 안 되고는 삼천포에 맡기고'
혼자 중얼거리며 픽 웃는다.

등잔불처럼

장날
-아, 어머이

서릿재를 돌아
길은 끊어졌다

저녁 어스름이 무서워
아이는 눈물 자욱
검불 같은 손으로 또
쓰-윽

30 마장 울진 장
달그림자가 앞서기도 전
휴우, 휴우,
날숨 길 장단이 산처럼 휘어져 오면
녀석의 입술은 감꽃이다

와 인자 온가?

집에 가 있으마
강냉이 튀밥 사 온다 안 했나

어머이 손
손을 잡아끄는 걸음마다
톡, 톡,
달이 튄다.

저것,
따뱅이 괸 가난이 가벼웁다
여울에
달 소리 녹풀지듯.

* 따뱅이 : 똬리의 경상도 사투리. 여인이 동이나 물건을 머리에 일 때
  고이는 받침대. 짚을 틀어 만든다.

-------나 돌아갈래!!!!!!!
어릴 적, 광에서 몰래 빼어 먹던 배고픈 씨감자 하나는…….

[이 시는 큰어머님이 들려주신 저의 5살 때의 이야기입니다. 어릴 때부터 제 고집이 유별났다네요. 아침 일찍 어머니와 큰어머님이 감

이라도 이고 장을 나서면, 앙탈 맞은 꼬마 손이 어찌나 옹골지게 엄마 치맛자락을 말아 쥐는지…….

　어머니는 동구 밖 가파른 서릿재 아래에서 눈물 콧물까지 불어 대는 꼬맹이를 겨우 떼어 놓고 내달렸죠.

　늦게라도 감이 안 팔린 날엔, 허름한 시장 모퉁이에서 겨우 5원짜리 허여멀건 국수 한 사발로 넘기고, 2시간 걸음을 재촉하면 검시레한 늦저녁에야 겨우 닿는…….

　그때까지 꼬마는 기다림으로 배고픔을 채우고 심통 맞은 물장구나 퉁기며 종일 엄마를 찾았다죠.

　감꽃 아시죠? 떫뜨름한, 그래도 주전부리로 배고픔을 채울 만했던, 뒤끝에 감도는 달싸롬한…….
　달빛에 부서지는 여울의 잔별이 엄마 손을 잡아끄는 꼬마의 얼굴일 겝니다.]

　전, 아주 깡촌 출신입니다. 국민학교 5학년 한겨울에 전신주가 놓이고, 그땐 시골에서 보기 힘든 낯선 사람이 신기해서, 전기가 들어온다는 것이 마냥 기뻐, 콘크리트 기둥을 땅에 박을 때마다 신이 나 추위도 잊고 쫓아다녔던 기억이 생생합니다.

돌이켜 보면 등잔불 아래서 빛인지 어둠인지 분간이 안 되는 어렴풋한 세상이 그립기만 합니다.

그 속에선 너와 나의 헐벗은 입성이 묻혀지고, 잘남도 못남도 굳이 드러내지 않고, 모두를 감싸 안아 주었죠. 동무의 허물도 어슴푸레한 등잔불의 다독거림에 다 잊을 수가 있었죠.

어머니 새김은 포근한 등잔불의 눈길. 어머니를 보면 볼수록 등잔의 온화한 불빛 같아서 참으로 좋습니다. 세상을 다 품어 주고 모두 내어 주고도, 웃음 한 자락이 입가의 주름을 타고 흐르는 어머니의 모습, 너울지는 등잔불이, 아리랑 가락이랄까요?

탓이래야 동무가 문을 들어서면 휘영청 몸을 흔들어, 어두움을 안고 넘어지는 등잔불 정도. 동무의 입김에 까르르 자지러지는 등잔불 정도…….

전등 불빛 아래에서 나는 무엇 하나 여유로움이 없네요. 소소한 티끌조차 그림자와 구분 지으니 말이에요. 두루뭉술 뭉쳐진 그것이 사랑이겠거니 했었죠. 전등 불빛은 그 속에서 미움마저 발기어 그림자를 붙여 놓아야 직성이 풀리나 봅니다.

타이타닉 영화가 가끔씩 떠오릅니다. 싫증나면 옷 갈아입듯이 갈아 치우는, 한 번 침 뱉고 돌아서면 그만인, 싸구려 사랑이 난무하는 이 세기에 닿도록 여전히 혼자라는 사실이 차라리 괴롭습니다.

그토록 고결한 사랑이 많은 사람들의 심금을 울렸다니 조금은 아이러니컬합니다. 역설적이게도 싸구려 사랑의 시대이기에 더더욱 절실한 사랑을 갈구하게 된 것은 아닌가 합니다.

near or far wherever you are I believe that my heart does go on······. you are safe in my heart(가까이 또는 멀리, 그 어디에 그대 계시든 내 사랑은 항상함을 믿습니다······. 그대, 내 사랑 안에서 온전하듯이)

타이타닉송 My Heart Will Go On 한 구절처럼 누구나 한 번쯤 꿈꾸었을 사랑이기도 할 겁니다.

겨울이네요. 이마가 시려 오네요.
어머니의 입김이 그리워지는 계절이죠.
소원해진 동무이거나, 오래 묵힌 된장 같은 마누라.
또는 힐끔 스쳐 간 낯모를 사람이면 어때요.
사랑이다 하고 한 점 떼어 건네 보아요.

간간이 흩날리는 눈발마냥
사랑 한 닢이라도 흩겨 있으면,
모른 체 주워 주머니에 넣고 꼼지락거려 보아요.

당신의 미소가 시름 잔 이마를 짚고,
등잔불같이 거뭇이 웃어 보일 거예요.

정인이에게

어두컴컴한 공기가 눈을 짓누른다
잠을 깼으나 일어나기를 거부한다

방긋방긋 뭉게구름 일듯
뽀얗게 피어나는 정인이의 미소
뭐예요? 쫑긋 귀를 세우고 돌아보는
아가의 눈망울이 폐부를 찌른다

어린이집에서 홀로 우두커니 앉아
무심히 고개를 돌려보는 아가의 뒷모습이 아려
도무지 참지 못하고 새벽어둠을 헤쳐 정인이의 수목장을 찾았다

추모객의 선물을 모아 둔 유리 상자 위에

고 정인

너무 야박하다, 제 명을 다하고 편안히 죽음을 맞이한 사람인 양

쓰여 있는 3글자가 눈을 흐린다
   나보다 못한 사람은 없거니 하며 살지만, 16개월 아기가 왜 이 추운 겨울날 땅속에 들어가야 했는지 알 길이 없어 먹먹하다

   불현듯 두 가지 지난 일이 머리를 스친다
   국민학교 6학년 때였던가, 무슨 일인지는 모르나 학교에 입학도 하지 않은 어린 여동생의 머리를 몽둥이로 내려쳤던 일

   자지러지는 동생의 울음소리에 그제서야 내가 무슨 짓을 했는지 알아채었다, 얼마나 세게 때렸던지 볼록하게 혹이 올라와 있었다

   "저놈은 깡패 새끼여" 천방둑 아주머니가 이렇게 말했을 정도로 당시의 나는 보통내기가 아니었다, 내가 막 성인이 되고서 막내 외숙모가 "야 그땐 네가 얼마나 무서웠던지 동생들이 꼼짝도 않고 네 눈치만 보고 앉았는데, 네 눈매가 잊혀지지 않는다야"

   그때란 막내 외삼촌이 결혼을 하겠다고 처음으로 외숙모와 함께 인사를 왔던 시기이다, 한번 틀어지면 누구도 말리지 못했던 나는 못되도 보통 못된 놈이 아니었다

   동생의 머리에 난 혹이 마음을 쑤셔 산에 올라가 딸기를 따와 동생에게 내밀었던, 두고두고 죄책감을 심어 주었던 일

또 하나는 2년 전, 삼척 장호원에 잠시 머무르던 시기, 바다를 끼고 도는 길을 따라 산책하는데, 소방관이 숨을 헐떡이며 우르르 몰려와 "목에 상처 난 개를 못 봤냐" 묻는다

보기에도 섬뜩한, 목을 타고 헐벗겨진 가죽에서 피딱지가 눌러붙은, 사람을 보면 줄행랑치던, 아마도 죽음의 막다른 지경에서 탈출한 개 같아 보였다

민원이 빗발치는데 도저히 잡히지 않는다며 한숨이다
뒤이어 다다른 소방관 일행 가운데 젊은 사람이 나를 보자 "안녕하세요" 아는 체한다, 으레 하는 인사겠거니 받아넘기는데 "저 모르세요? 어저께 우리 딸을 안아 주셨잖아요" 한다
그러고 보니 그 꼬맹이의 아빠다

어제, 해상 공원에서 엄마 아빠의 집중된 시선 앞으로 아장아장 걷는 여아가 하도 이뻐 삐죽이 지켜보는데, 눈이 마주치자 아기가 두 팔을 내밀고 헤헷거리며, 삐걱대는 음표를 밟고 내게로 달려온다

부모의 허락도 없이 아이를 덥석 안아 올렸다, 솜사탕 손을 꼬물거리며 내 품에서 몽글몽글 웃는 아이, 발랄한 생명의 체취가 온몸을 휘감는다, 생명의 묵직한 감동이 감기어 온다

'씩씩하고 지혜롭게 크거라' 희망찬 바람을 담아 아이에게 건네주

며 머리에 가볍게 입맞춤했다, 그 모양이 싫지 않은지 아기 엄마 아빠가 미소를 머금고 나를 바라보며 서 있던 일

생전의 이 병철 선생은 출근하며 서울역을 지나쳤던 모양이다, 당시는 이촌향도, 농촌을 떠나 도시로 몰려가던 때였다, 솥이며 이불 보따리를 이고 지고 역에서 내리면 새벽부터 기다리던 지게꾼이 짐을 받아 나르고 품삯을 받았다

여명이 부스스 깨어날 즈음, 지게꾼들은 포장마차에 모여 국수를 말아 먹으며 아침 허기를 달랜다
"차 좀 세우게" 그 모습을 한참을 지켜보던 선생이 "저게 사람 사는 건데……" 혼잣말을 중얼거리며 출근하곤 했다 한다

'생명의 발랄함, 그 고되고 아름다운 선율' 선생이 지켜본 것은 그것이리라
살아 보고자 새벽부터 종종치는 살이들, 삶을 향한 생명의 힘을 어느 누가 거스르랴, 두려움마저 불러오는 생명의 질주는 엄격하고 거룩해서 우린 그 앞에 서면 옷깃을 여미고 몸을 사린다

발버둥 쳐서라도 기어이 불을 댕기고 마는 '살이를 내달리는 헐떡임, 목숨의 뜨거움' 그 무거운 사명 앞에서 아쉬울 것 하나 없는 사람이 고개를 숙인다, '생명에의 경배' 대한민국 제일의 부자가 지닌 덕목이자 자격이었다

정인아

짐승도 죽음 앞에서 제 가죽을 벗겨 내면서까지 도망치며 살고자 하는데, 넌 어찌하여 위탁모를 다시 만난 자리에서 천진난만하게 웃었니? 왜 '아파요, 무서워요' 살려 달라 떼쓰며 울지 않았어?
그 순간은 도저히 감추기 힘든 기쁨이었어?

케이크를 앞에 두고 행복을 꾸며 대는 사람이 내민 손을 아주 잠시 흠칫 놀라워하던 네가 다시 표정을 바꾸어 촛불을 끄려는 듯 손을 내밀어 흔들던 것은 무엇이었어? 그 옹알이는 무엇이었어?

인간의 가증스런 위선에 대한 놀라움?
아니야, 아가들은 가증함을 몰라
정말일까? 슬픈 엄마, 기쁜 엄마, 화난 엄마, 아픈 엄마……
엄마의 어떤 표정도 다 알아보는 아기들인데……

그 순간이나마 행복했음을,
한순간 찾아온 행복을 놓치지 않으려는 너의 천진스런 몸부림이었어?

멍투성이 네 몸을 '몽고반점이에요'
한 생명의 스러짐에 깊은 허탈감은커녕 조금의 미안함, 조금의 안타까움도 묻어나지 변명을 듣노라면,

그 소굴에서 오직 견딤으로 목숨을 이어 가야 했던 너의 하루하루가 얼마나 끔찍했을지 소름이 끼쳐 오더구나

난 용기가 없어 "뼈가 몇 군데나 골절되었네, 췌장이 끊어졌네" 이런 말을 두 번 입에 담지 못하겠어

'정인아, 걸어' 한마디에
내장이 찢어진 몸을 하고서도 마지막 한 걸음을 쥐어짜 발을 옮기는, 한 가닥 희망이라도 건져보려는 몸부림을 보고 심장이 뜯겨 나가지 않은 사람이 어디 있겠느냐

어린이집에서 왜 멀뚱히 고개를 돌렸니?
우두커니, 멀뚱히, 이건 아가들에겐 없는 단어야
산전수전 다 겪은 사람이나 지음직한 달관한 얼굴; 이제 생명의 출발점에서 겨우 몇 걸음 뗀, 갓 돌을 지난 아기가 어떻게 그런 얼굴을 한단 말이야?

생장의 충동이 흔들어 대는 생명의 진동으로 한시라도 가만히 있지 못하고, 웃고 뒹굴고 쫑알대며 소란스러워야 할 아기가 어떻게 홀로 우두커니 앉아 무심한 시선을 건넨단 말이야?

외로웠어?
기댈 곳 없는 아가의 자포자기였어?

누구도 아픔을 막아 주지 못한다는 절망?
그토록 무서웠어?
여기를 벗어나면 다시 닥쳐올 무지막지한 주먹질이?
감히 쳐다보지도 못할 사람의 얼굴, 얼굴, 얼굴들이?
기다림이었어?
그래도 이 지옥을 벗어나는 길이 저기쯤 있지 않을까?
나를 들쳐 업고 도망쳐 줄 엄마가 지금 뛰어오진 않을까, 마지막 소망 같은 것?

아니면, 포기였어?
이 세상 소풍 끝내고 돌아가야 할 곳이 저어기 어디쯤인가 가늠하고 있었어?
그래서 나머지 풍경이라도 담을 참이었어?
아니야, 그건 아닐 거야
그렇다면 우리들이 그 고문을 어찌 감당하라고……

그도 아니면,
'생은 고통이야' 온몸으로 실어 나르는 성자의 깨침이란 말인가?
그렇다면 신과 부처라는 자는 얼마나 가련하고 야속하단 말이야

아픔을 아프다고 말하면 안 되는,
아무리 배가 고파도 울어서는 안 되는,
울음을 삼켜야만 살 수 있다는 것을 터득한 고작 16개월의 네가

아가의 언어인 투정과 칭얼거림을 잃고
자신의 언어가 사라진, 몸에서 젖내조차 다 씻기지 않은 아가가 할 수 있는 유일한 말이
'우두커니 멀뚱히' 이것이었어?

나는 말을 삼키고 지난날의 못남을 속죄했다
분풀이로 마구 돌을 던졌던 나의 잔인함과
~척했던 나의 위선을 참회했다
위선이 감추지 못할 인간의 속성이라면
착한 척해야 하는 그때만이라도 솔직하게 나의 위선을 인정함으로써 성실해지기를 다짐해 본다

초코파이와 우유를 정인이의 무덤 위에 올려놓고
하얀 눈 위에 두 무릎을 꿇고 엎드려

'하느님 부처님 부디 이 어린 천사를 외면 마시고 거두어 주소서'
두 손 모아 빌고 또 빌었다

수목장에선
'얘들아 안녕, 우리 같이 놀아' 하듯 아이들의 동요가 끊이지 않고 눈 위를 뛰어다닌다
그곳에서나마 정인이는 배고프지 않고 친구들이랑 손잡고 맘껏 뒹굴지 않을까 생각해 본다

'정인아

 기억하고 싶지 않은 것들은 모두 잊어줘, 살뜰하던 위탁모의 손뼉을 기억해 줘, 어린이집 선생님의 따듯한 품을 잊지 말아 줘,

 그 기억에 딱 좋은 부모를 만나 이 세상에 다시 와 주기를 바래, 겨울 가고 진달래 오면 네가 핀 줄 알게
 지켜 주지 못해 미안하다, 미안하다 아가야'

 한참을 정인이 곁을 어슬렁거리다 발길을 돌렸다
 울긋불긋 아가의 얼굴같이 동그란 해가 떠오른다, 10여 년을 입에 대지 않던 담배를 뽑아 물었다

 '감정 과잉' 이 또한 위선인 게야, 자신을 되돌아보며 담담히 해 보려 하지만 가슴속에서 불뚝불뚝 솟구치는 저 붉은 해를 어쩌지 못해 연거푸 담배에 불을 붙였다

 (글에 마침표가 없는 건 이것이 정인이에게 마지막이 아니라
  또 다른 시작이기를 간절히 염원해서입니다 2021년 1월 7일)

는, 도

    장미에도 가시가 있다. - 아름답다 해도 허물은 있기 마련이다.
    장미에는 가시가 있다. - 찌르는 도도함이 따가워 선뜻 다가가기를 주저하게 하는 아름다움이여.

    꽃잎은 시들어도 슬퍼하지 말아요. - 설사 꽃이 시든다 하여도, 어쩌다 내가 죽는다 해도 슬퍼 마세요.
    꽃잎은 시들어요. 슬퍼하지 말아요. - 피는 꽃이 스러짐은 하늘의 섭리 아닌가요? 누구도 피할 수 없는 죽음이에요. 그러니 나의 죽음을 슬퍼 마세요.

    누나도 과꽃을 좋아했지요. - 초가을 분기 돋는 과꽃 누이같이 당신이 아름답소.
    누나는 과꽃을 좋아했지요. - 물러가는 늦더위를 매만지는 과꽃이여. 그리운 나의 누님이여.

    조사 한 글자가 문맥을 완전히 장악하는 개선장군이다.

가시에도 장미가 핀다. - 보잘것없다 무시하지 마라. 그도 꽃피울 날 있느니.

가시에는 장미가 핀다. - 험한 길 마다 않는 그대여. 어찌 붉은 꽃 한 송이 돋지 않으랴?

서술어를 바꾸어 보자.

가시에는 장미가 피어나겠지요. - 고난을 어루만지는 낭군을 안타까이 바라보는 여인의 애간장이여.

가시에는 장미가 피어나는 법. - 굳은살이 터져 피가 솟도록 망치질을 멈추지 않는 앙다문 입술. 빛이 나오.

아 다르고 어 다르다 한다.

내가 너를 보듯 - 스스로를 손바닥에 올려놓고 객체화해서 자기를 돌아보는 자라면

네가 나를 보듯 - 주체적으로 결정하더라도 '아, 어'가 두루 하는 세상을 그려 내리라.

연아 아리랑

'꼬시다'는 말의 어원을 생각해 보았어요. 꽃 치다(가꾸다)+꼬숩다(고소하다); 꽃을 가꾸는 행위와 고소한 감흥이 어우어진 맛깔나는 어휘가 아닐까 하고요.

그것이 이루어졌을 때의 황홀함이란 깨가 쏟아지는 것이겠지요. 평소 여자 보기를 된장 안에 콩 보듯, 라면 속에 수프인 듯 으레 그러려니 했던 '나'이건만 이것이 모두 연아 양 때문이에요.

연아 탓.

연아가 내게 준 또 다른 선물을 받아 들고 어쩌지 못하다가 이제야 그것을 풀어놓네요. 연아 양은 언제나 몸으로 말을 보여 주죠.

'수욕정이풍부지'라 했나요? 나무는 가만히 있으려고 하나 바람이 그치지 않는다. 한데, 연아가 내게 말하네요.
"아자씨, 바람이 왔어요. 눈을 뜨세요. 소리를 지르세요. 몸을 흔들어요."

짐짓 점잖은 체 체면 따윈 털어 버려라. 수동적인 소심함을 떨쳐 버려라 하네요.

'춘파투석', 침묵 속에 잠든 고요한 호수에 연아 양이 돌을 던져 물보라를 일으키네요.

"아저씨, 나무는 바람이 있어 움직이는 동기를 부여받아요. 바람이에요. 일어나요, 아저씨."

언제나 행동으로 말을 들려주는 '연아의 지성'이 나를 '생동', 힘이 넘치는 삶의 세계로 이끌어 주네요.

용기를 북돋우네요. 연아의 베풂은 어디까지 일까요? 도대체 그녀의 향기가 미치지 않는 곳이 있을까요?

기껏 돌이나 베고 누운 장작 토막 같은 범부의 마음을 생명이 넘치는 숲속으로 옮겨 놓네요.

우듬지 사이로 바람만이 내왕하던 가슴에, 생명이 생명을 보듬어, 물이 흐르고 풀이 돋고, 나무가 녹음으로 대화하고 나비의 애벌레가 고치를 짓는, 서로 생명 한자리씩 내어놓고 몸 부벼 이루어 낸 숲으로 채워 놓네요.

사내의 마음을 이곳(정-고요)에서 저곳(동-활발)으로 옮겨 놓기가 아무나 할 수 있는 일인가요!
연아의 진실이 아니고선 어디 그리 쉬울 수가 있나요.

저곳이 아주 딴 세상은 아니었죠. 젊었을 적 뛰어놀던, 포부 넘치던 생명의 강이었죠. 그것을 잊고, 어쩌면 의도적으로 삶의 속임에 기어 들어가 나를 감추고 애써 외면했던 곳을 연아가 되돌려 준 것이겠죠.

오마주 투 코리아. 연아가 들려주는 이야기를 경청해 보아요.
-생생하게 살아 있음은 아름답다. 한순간이라도 위대하지 않음이 없어서 아름다움이다. 위대함은 사랑과 자비가 넘친다. 그리고 그것은 강하다. 하여 언제나 사랑하라-

사랑은 무릇 살아 있는 생명의 권리이자 의무이다. 강함이여 사랑이여. 평화여 자유여. 자유로울 때에 풍요롭다.
생명의 당위가 사랑이라면 사랑의 당위는 자유로움이요. 자유의 당위는 풍요이다.

내가 지금 사랑을 시작하려 했다면 어찌 연아 탓이 아닐 수 있나요. 홀로로서는 자유롭지 못하다고요.

아리랑.
아리랑 고개로 넘어간다.
나를 버리고 가시는 님은 십 리도 못 가서 발병 난다.
아리랑 쓰리랑 아라리가 났네.

나를 버리는 님? 아니에요. 나를 버리는 것은 고개죠. 님 탓이 아니라 고개를 탓하잖아요. 10리도 가기 전에 병이라도 나서 더는 못 가고 내 곁에 머물러 있게 하여 주소서.

그래요. 10리를 떨어지면 고개를 넘게 되죠. 고개는 님과 나를 갈라놓는 단절의 벽이에요. 또한 고개 너머는 동경의 세상이고 미지의 이상 세계이기도 하죠.

그래서 님은 동경(과거 시험이든, 대부를 꿈꾸고 장사를 떠나든, 막연한 이상을 찾아 나서든)을 쫓아 고개를 넘을 수밖에 없어요. 현실과 동경이 갈등하는 지점에서 비극이 시작되죠.

은혜 하는 님을 두고 떠나야 하는 님 또한 어찌 애닳음이 없을까요. 발아래 눈물을 묻으며 애오라지 고개를 넘어야만 해요.
고개는 10리쯤 떨어져 있어요. 십 리 안은 눈가늠이 가능한, 그래서 마음 푹 놓아도 되는 평온한 생의 터전이죠.

품 안에 품을 수 있는 치마폭의 너비이고, 눈짓거리가 오가는 사랑의 거리이고, 까치발 서면 님의 이마라도 어렴풋이 짚어 보는, 마음의 안쪽이에요.

10리 밖은 고개 너머이에요. 하염없이 모가지를 내밀고 기다려야 하는, 또는 나자마자 눈도 못 뜨고 죽은 아이를 묻은, 애끓음과 참음, 상실의 두려움이 밀려드는 곳이죠.

끝내 극복할 수 없는 그 고개를 님이 넘어가오. 그러니 아라리가 날 수밖에요.

아라리. 마음을 절뚝이는 상사병으로 끝나지 않아요.
고개를 넘는 님을 보며 하염없이 울음을 삼켜요.
아리랑, 아리고 그리움에 몸서리치는 울음, 울음의 밑바닥에서 길어 올린 웃음이자 신들림이요.

님이 돌아오시기까지 기다려야 할 긴긴 세월의 아픔을, 쓰리랑 쓰린 고통의 샘 뿌리에서 캐어 낸 희열이오.

까마득한 어둠을 눈물로 씻어 내어 빛으로 비추고 들고 선 청사초롱이오. 탄식의 심연에서 뽑아낸 아련한 염원이오.
축복의 정한수에요.

그래서 아라리가 났네에요. 났네-넘쳐서 흐르네. 솟구쳐 오르네.- 주체하지 못하는 신명이 되어요. 그래야만 통한의 고개를 허물어 버릴 수 있어요.

아라리가 났을 때의 안온과 축복의 기운이 고개를 넘어 님 그림자를 밟을 수 있어요.

연아의 아리랑이 그래서 너무 시려요.

연아가 우리에게 아라리를 빌어요. 조국이 고개를 넘어갈 때마다 아리랑 춤사위로 아라리를 풀어헤쳐 놓아요.

그것이 연아 양의 조국에 (나아가 전 인류에) 대한 기원이자 축복이고 사랑이에요.

(만약 내가 싫어져서 나를 버리는 님이라면 무슨 수로 붙잡을 수 있나요. 마음이 떠난 낭군은 병이 아니라 죽음 이외엔 붙들어 맬 수 있는 방법이 없죠.

사랑하는 님이 어쩔 수 없이 고개를 넘어야만 하는 처지라면,
병이라도 핑계 대어 붙들어 두고 싶겠죠. 숙명과도 같이 떠나야 하는 이별이기에, 애잔한 눈빛으로 어루만져 주고 살붙이로 정분 쌓았던 님과의 속곳 눈짓은 그래서 더욱 아리고 쓰려요.

극복되지 않는 자연(고개고개) 앞에서 님이 돌아오실 날을 하염없이 기다릴 수밖에 없는 긴긴 세월의 갈고쟁이를 어찌 감당하리오.
기다림의 긴 세월을 견뎌야 하기에 님이 나를 버리고 떠남이에요.)

토끼몰이

고등학교에 입학하고서도 우리 식으로 만끽하던 중학교 졸업 축제의 흥분을 벗어나지 못하던 때이다.

겨울도 끝나갈 무렵, 친구들과 그물을 메고 아직 응달에는 녹지 않은 눈이 밀가루 반죽처럼 붙어 있는 산을 올랐다. 등성이를 가로질러 그물을 치고 계곡 밑을 훑어 토끼몰이를 할 판이다.

냄비 뚜껑이나 깡통을 두드리고 소리를 지르면 야행성 토끼가 놀라 잠을 깨고 굴을 빠져나온다. 앞다리가 짧고 뒷다리가 잘 발달한 토끼가 내리막보다 오르막을 달리는 습성을 이용하여 등성이로 몰아간다.

진이라는 친구와 내가 한 조가 되어 계곡 왼편의 비탈을 맡았다.
키가 크지 않은 관목이 듬성듬성 모여 있는 돌산이다. 한참을 신나게 깡통을 두드리며 올라가는데 갑자기 위에서 돌이 굴러떨어진다.

돌 틈을 받치고 있던 얼음이 봄바람에 녹았던지, 깡통 두드리는 충격에 간신히 비탈을 버티고 있던 돌이 떨어져 나갔던지. 미처 피할 겨를도 없이 아차 하는 찰나 돌은 친구의 왼쪽 정강이를 덮쳤다. 까딱했다간 목숨을 앗아갈 뻔한 끔찍한 순간이었다.

친구는 몇 달이나 다리에 깁스를 하고 지내야 했다. 그 사건으로 우리의 성인식 같았던 축제는 막을 내렸고, 난 아찔했던 그 순간을 떠올리며 생각이 많아진 철학자가 되어 갔다.

왜 내가 아닌 친구였을까?
우리는 산을 올랐고 돌이 굴러떨어졌고 친구의 다리가 부러졌다. 분명 원인과 결과가 확실한 필연적 사건이다. 그러나 돌이 친구의 다리를 부러뜨리겠다고 그곳에서 그 순간을 기다려 곤두박질치진 않았으리라.

내가 친구보다 더 착해서도 아닐 것이다. '신의 쓰임을 위해 부름받았다' 황당한 소리는 하지 말자.

아무도 의도하지 않았고 친구의 다리는 부러졌다. 필연적인 인과의 구조를 지니고 사건은 발생했지만 사고는 뜻하지 않게 일어났다. 그 필연의 필연성을 아무리 곰곰해도 찾을 수 없다.

진화론으로 보자면 나는 한 줄기 빛에서 내달려 흙, 바람, 물 등등 수없는 것들과 접촉의 결과로 태어났다. 번개가 공기를 찢고 흔들지 않았다면 탄소 산소 유기물이 생명으로 뜀박질하는 사건은 일어나지 않았다 한다.

번개가 봄바람을 비틀고 가을비를 태우면서 생명으로 발돋움했으니 나는 그들에게 빚지고 있는 셈이다. 지금도 그들과 맞닿지 않으면 살 수 없다. 그들은 나를 만들고 이루는 또 다른 나인 셈이다.

번개가 내 생명의 은인이라도 길을 가다 번개에 맞기도 한다. 우주의 모든 존재가 겹겹이 둘러싼 한가운데 내가 있다. 그들은 언제든지 나를 침범하여 들어온다. 필연이자 필연의 설명이 필요치 않은 우연을 제공한다.

나는 언제 어디서 무엇이 치고 올지 모르는 위험에 노출되어 있다. 친구의 다리가 부러진 것이 우연이라면 내가 멀쩡한 것도 우연한 사건이다. 나는 안정을 확신할 수 없는, 예측 불가한 불확실한 존재. 확률적 존재다.

나는 불꽃 속의 눈꽃. 불이 꺼질지 눈이 녹을지 알 수 없다. 그러나 내가 언제 어떻게 될지 모른다는 불가측의 불안과 공포에 짓눌려 걱정만 하고 있을 텐가.

나를 둘러싼 모든 존재. 나를 이루는 데 참여하고 수고한 업보로 나에게 간섭하는 권리를 허락해야 한다.

수많은 나에게 내가 둘러싸여 있다 여기면 그들이 나를 치고 들어온다 해도 크게 억울하진 않으리라. 돌연한 폭풍우에 모닥불이 꺼졌다고 추위에 떨고만 있겠는가?

확률적 존재란, 아무런 흠결이나 상처 없이 맞이하는 삶은 있지 않음을 말해 준다.
나를 위해 준비되어 있는 시간이란 없다.
확률적 시간의 바다를 건너는 배가 폭풍우를 마다할 결정권이 없다.

내 앞에 놓인 것은 '오직 이 순간'뿐. 시작이자 완성을 동시에 갖춘 지금 이 순간뿐.

'이 순간'을 살아가는 존재로서 나는 세 가지를 결심했다.

첫째, 느닷없이 닥치는 고난을 담담히 맞이하리라.

확률의 바다에 던져진 주사위로써 한계를 받아들이리라. 내가 맞닥뜨릴 행동의 절반은 나의 의지와 상관없는 행운이거나 불운이다.

솔가지를 흔드는 빨간 장갑이 내 주사위를 던지는, 나로서는 선택당할 수밖에 없는 규정이 있음을 인정한다. 급작스러운 폭우가 집을 허물어뜨리거나 문득 병마가 내 목을 조여 와도 '그러려니' 새삼스러워 하지 않으리라.

둘째, 좋아하는 일은 미루지 않겠다.

하고 싶지 않은 일을 잡고 있어야 할 만큼 나의 확률은 기다려 주지 않는다. 베어 문 사과 한 조각이 내 목숨을 틀어막는 일 따위가 두려워 사과를 피하겠는가?

'남들이 하니까' 눈치를 살거나 '그렇게 해야 하니까' 신중하지 못한 기계가 되진 않겠다.

셋째, 핑계를 대지 않겠다.

어쩔 수 없이 나를 주저앉히더라도 용기 없음을 솔직히 인정하리라. 잘되면 내 탓, 못되면 조상 탓, 집터가 이름이, 이런저런 변명을 끌어와 나를 위로하며 비겁하진 말자. '왜 하필 나지' 탄식하며 나를 꺾진 않겠다.

확률적 존재란 미정의 존재이니까.
정해지지 않았다는 건 출발과 도착이 함께한다는 뜻이니까. 비록 그것이 견디기 힘든 시련일지라도 돌아갈 수 없는 또 하나의 시작이며 완성이니까.

똥바가지

국민학교 6학년.

조그만 시골 학교, 나라에서 건빵과 빵을 점심 급식으로 제공하던 시절이다. 대부분 사시사철을 허름한 줄무늬 체육복 한 벌로 살아내던, 사내 여아 할 것 없이 옷엔 이가 들끓고 머리엔 살찐 서캐가 하얗게 붙어 있었다.

R 교장 선생님이 대구에서 부임해 오고부터 상급반 학생들은 공부하는 시간보다 일하는 시간이 더 많았다. 오후 시간은 아예 일하는 시간으로 정해지다시피 했다.

정문 담장을 헐고 새로 쌓거나 학교 앞 전답을 개간하고 과실수를 심었다. 개천을 뒤져 돌을 주워 날랐고 리어카를 끌고 흙을 퍼 왔다. 공부보다 훨씬 재미있었던지 리어카가 날아다닐 정도로 우린 신명났다.

몇 달에 걸쳐 일이 마무리되고서 우린 수업에 복귀하였지만, 덩치 좋은 몇몇은 교장 선생님이 짓는 급식소나 여타 작업에 다시 차출되곤 했다.

6월, 식곤증을 못 이기고 창가로 물컹물컹 넘어지는 오후 햇살을 눈에서 떼어 내며 수업에 애쓰는데 갑자기 교실 문이 벌컥 열리며

'언 놈이야' 핏발 서린 노인의 고함 소리가 쨍하고 햇살을 쪼갠다.
학교 뒤 담장 아래 G네 할아버지다. 교실 안은 이내 똥쿨내로 진동한다.

얘기는 이랬다.
상당 마을의 C와 두천에 사는 J 두 친구가 교장 선생님의 지시로 학교 변소 똥을 푸게 되었다. 뭐랄까, 선생님에게 찍힌 두 친구는 종종 수업에서 제외되고 잡일에 동원되었다.

똥을 퍼서 학교 앞 과수원에 뿌리다가 화가 치민 두 친구는 꾀를 내어 담장 쥐구멍으로 똥물을 솔솔 쏟아붓기 시작했다. 똥물은 담장을 타고 G네 마당으로 흘러들었다.

마당에는 타작한 보리를 말리려 멍석에 펼쳐 널었다. G네 할아버지가 멍석에 엎드려 보리를 뒤집다 축축한 똥물을 뒤집어쓰고 교실로 달려온 것이다.

담임 선생님은 20대 초반의 혈기 왕성한 청년이다.
그땐 주기적으로 때 검사를 했다. 맨날 꼴 베고 나무하고 흙 속에서 살던 촌놈들이라 깨끗할 리 만무하다.

머리엔 부스럼을 달고 살기 여사고 너나 나나 손은 까마귀가 사촌 하자 할 정도로 까맸다.

4학년이면 어느 정도 컸을 법도 하건만 선생님은 손에 때가 많은 아이들, 그러니까 나를 비롯해서 반 친구 거의 다를 교실 한편으로 몰아 전신 검사를 한다며 옷을 홀딱 벗도록 했다.

'봐라. 이 때 좀 봐라. 이게 까마귀지 사람이냐' 몸 이곳저곳을 손가락으로 콕콕 찔러 가며 촌놈들의 마지막 남은 자존심을 긁었다. 우린 어쩔 수 없이 고추를 내놓는 모멸감까지 맛봐야 했다.

여학생들은 빈 교실에 따로 모아 놓고 진행했다. 마찬가지로 학교 앞뒤에 사는 한둘을 빼고 대부분 옷을 벗어야 했다. 홀딱 벗었다, 아니다 팬티까지는 아니었다 말들이 분분했다. 지금 같으면 어림도 없는 일이겠으나 당시는 그랬다.

선생님의 별명이 쬬물딱이다.
여학생들 때 검사를 하면서 조물조물거렸다느니 어쨌다느니 해서 생긴 별명이다. 그보다는 자존심의 최종 보루를 들쑤신 선생님에 대한 촌놈들의 원망이 자아낸, 복수심 잔뜩 묻은 별명이리라.

어느 누구도 고추를 드러낸 때 검사에 관해 입에 올리는 친구는 없었다. 하지만 선생님의 별명은 줄기차게 조잘댔다. 숨기고 싶은

45

수치를 들킨, 뭔가 응어리진 분함을 그렇게 풀었다.

5학년에 접어들어, 그땐 그 선생님이 우리 담임이 아니었다. 두천 친구 J가 교실 창문을 열고 간도 크게, 학교 바로 앞 사택에서 점심을 마치고 운동장을 가로질러 오는 선생님을 향해 "쪼물딱!" 소리를 지르곤 머리를 쏙 내리고 숨었다.

그 사건으로 친구는 선생님한테 뒈지도록 얻어터진 전력이 있다. 얼결에 창문에 붙어 있던 나까지 혼나야 했다.

G네 할아버지가 노발대발 퍼붓고 나가자, 끌려온 두 친구에게 붉으락푸르락 분을 삭이지 못한 선생님의 손찌검이 시작되었다. 손찌검 정도가 아니라 아예 아이를 죽일 듯이 엎어치고 매치고 공중으로 올렸다 내리꽂고 거칠게 패대기를 쳤다.

얼마나 심하게 맞았던지 두천 친구는 견디지 못하고 맨발로 교실을 뛰쳐나가 도망쳤다. 선생님도 맨발로 뛰어나가 운동장을 막 벗어나려던 아이를 낚아챘다. J의 목덜미를 잡아채고 씩씩거리며 교실로 들어왔다.

이젠 어느 정도 화도 수그러들고 그만하지 싶었는데 매질은 멈추지 않았다. 미친 사람 같아 보였다. 여학생들은 무서워서 벌벌 떨었다.

나는 화가 났다. 두 친구가 오뉴월 개 잡듯 뚜드려 맞는 것이 안타깝기도 하고 때리는 선생님이 미웠다.

나이 들어 생각해 보니 선생님이 이해되지 않는 건 아니나, 그렇더라도 두 친구에게 억울함이 없는 건 아니다.

선생님이 화가 난 건, 두 친구가 시키는 일을 제대로 하지 않고 엉뚱하게 남에게 피해를 끼쳐 선생님을 욕보였다는 것이고,
내가 본 건, 두 친구는 왜 교실에서 쫓겨나 똥바가지를 들었어야 했으며 더구나 똥을 푸고 맞기까지 해야 하는가였다.

선생님과 나 사이에 놓인 똥바가지 갈등은 어쩌면 영영 풀지 못할 숙제인지도 모른다.

'해석적 존재' 우리가 틈을 메울 수 없다면 바로 이것이다. 하나를 보고도 똑같이 보는 것이 아니라 각자 마음속에서 그린 그림을 본다.

마음은 그림을 그리는 화가와 같다. 능히 세상 모든 일을 다 그려 낸다 했다.
세상은 모두 내 마음 지음에서 비롯한다. 내가 해석한 공간에 스스로를 가둔다.

사람은 눈귀로 보고 들은 것을 해석이라는 여과 장치로 자기를 걸

러 내는, 자기라는 창살을 짓고 그 안에 자신을 유폐시키는, 자기라는 착각의 사설 감옥에서 지낸다. 그런 면에서 누구나 다 정신병자의 소양을 지니고 있다 하겠다.

나는 '이것이다' 함부로 단정 짓지 않기를 다짐해 본다. 보는 것은 사실이 아니라 내 생각이 만들어 낸 똥바가지일 수 있을 테니.

C

92년도, 미국 비자를 받을 때가 생각나네요.

유학원 어디에서도 나는 미국에 갈 수 없으니 포기하라더군요. 그 대신 '호주라면 가능할지도 모르겠다.' 호주를 추천하더라고요. 그럴 것이 대한민국에서 고등학교 중퇴자가 변변한 직장이 있을 턱도 없고, 미국 비자를 받겠다는 자체가 어이없었을 겁니다.

당시 웬만한 신분이 아니면 여행 비자는 어림도 없고 가능하다면 학생 비자 정도였는데 그것도 굉장히 까다로웠습니다.

6월 초여름. 땀이 삐질삐질 돋도록 종로의 유학원 여덟 군데나 헤매며 다녔지만 대답은 한결같았어요. "대학생도 어려운데 그 주제에 미국 가겠다고?" 너무나 황당하다는 표정들이었지요. 마지막으로 닿은 곳에서

"그럼 필요한 서류나 말해 주시오" 열 받치는 소리로 윽박지르듯 부탁했지요.

"비자 받아 와서 봅시다" 책상을 탕 치며 오기 서린 한마디를 남

기고 휭하니 나왔지요.

면접을 보기 위해 미국 대사관에 들렀는데, 모두들 반듯하게 타이핑 서류를 준비해 왔더군요. 나는 서류라고 말하기 민망할 정도로 덕지덕지 쪼가리 모음이었죠. 서류를 정리하는데 옆에서 대학생으로 보이는 친구가 코치를 해 주더군요.

"서류를 그렇게 작성해서 들이밀면 아예 보지도 않고 퇴짜예요. 성의 없다고."
돌아갈까 하다가 이왕 왔으니 면접을 보겠다 마음 굳혔죠. 쪼가리 서류가 오히려 진실을 전해 줄 수도 있겠다 여기며.

다른 것은 다 떠나서, 면접관이 내 이름자만 물어 주길 간절히 바랐죠. 내 이름을 물어 주는 순간 난 미국에 간다 확신했으니까요.

제대로 표기하자면 K로 써야 하는 내 이름. 눈에 쉽게 띄도록 C로 큼직하게 써 놓았죠.

1번과 6번 창구에선 면접이 빨리 끝나더라고요. 그쪽에 걸리기를 고대했는데 다행히 1번에서 보게 되었습니다. 담당자가 서류를 대충 넘겨보더니, 어라 바로 내 이름자에 대해 묻는 겁니다. 아, 그때의 심정이란…….

"성(라스트 네임)이 '김' 맞아요?"
 C를 드러내기 위해 성(CIM)을 먼저 기입했죠. 영문 이름도 우리 식으로 성 그리고 명으로 쓰게 된 이유입니다.

"예."
"그런데 왜 K가 아니고 C죠?"
 심장이 쿵쾅거립니다. '당신이 그것을 눈치채다니⋯⋯' 밀고 오는 감동을 멈출 수 없을 지경입니다.

"KOREA가 고려에서 비롯하는데, 처음엔 유럽형 표기로 COREA로 썼습니다. 근데 예의라곤 전혀 모르는 일본 놈들이 C를 Japan의 J 다음 순서인 K로 바꾸어 버렸어요. 난 그 C를 되찾고 싶어서 내 이름자에 C를 가져오게 되었습니다."
 난 아이에게 훈계라도 하듯 신명나게 대답했지요.

 면접관이 40대 후반, 갈색에 가까운 금발의 백인 여성이었는데 인상도 아주 좋아 보이더라고요. 감개무량한 표정에다 존경마저 묻어나는 눈빛으로 나를 그윽이 바라보더니
 "당신은 조국을 많이 사랑하는군요."

 그 외에 미국에 가는 이유와 얼마나 체류할 것인지 간단한 질문 몇 가지를 더 묻곤
 "축하합니다. 뜻한 바 성취하시길 바랍니다." 말해 주더군요. '축

하합니다' 그녀의 미소 짓는 목소리가 지금도 생생합니다.

국가관을 보여 주면 나의 진정성을 믿으리라 생각하며 짜낸 설계였는데 바로 통했습니다. 비자를 받기 위한 잔머리였지만, 잔머리만은 아니었겠죠.

"이봐, 해 봤어? 길이 없으면 길을 만들어 가야지" 생전 정 주영 선생의 일언입니다.

안 가 본 길은 있어도 길 없는 길은 없을 거라 봅니다. 별것 없어 보이는 C자 하나가 내 인생의 뱃머리를 돌리는 나침반으로 자리합니다.

인정할 건 하고

내가 자주 교류하는 형과 절친으로 지내는 L 분. 늦은 밤, 일과를 마치고 뉴욕 플러싱 루즈벨트 애비뉴 입구에 자리한 식당에서 셋이 소주잔을 기울였다.

L은 정치인 박 지원 씨가 맨해튼 브로드웨이 32번가 도매상가에서 가발 업으로 날릴 때, 택시 운전부터 시작해 한인 그로서리가게에서 야간 캐쉬어로 뉴욕 생활에 몸을 담았단다.

당시 민주당의 첫 흑인 시장 딘킨스가 뉴욕 시정을 살피던 때인데 치안이 말이 아니었다. 길거리에 주차한 차 유리창을 깨고 돈을 훔치거나 성에 안 차면 남의 차를 불태우기 여사였다. 한 해, 강도의 총에 목숨을 잃은 한인 야간 캐셔만 해도 12명이나 되었다.

주인이 강도에 대처하는 요령을 교육할 만큼 야간 캐셔는 목숨을 내놓고 하는 일이었다.

어느 정도 돈을 모아 자메이카 흑인 빈촌의 길모퉁이에 조그만 델

리 가게를 열었다. 4시면 눈을 비비고 나가 새벽 출근하는 사람들을 상대로 커피며 베이컨 에그롤을 팔았고 저녁 8시나 되어서 가게 문을 닫았다.

가게는 제법 쏠쏠해서 몇 년을 열심히 모아 목돈을 마련했다. 다시, 플러싱 한인 타운의 제법 큰 식당을 인수했다. 식당업에 경험이 있는 건 아니나 불굴의 도전 정신으로 덤벼들었다.

덩치가 크다 보니 월세며 인건비 한 달 고정 지출만 해도 상당했다. 불행히도 장사는 시원찮았다. 초장부터 적자에서 헤매다 보니 타격이 이만저만이 아니었다.

식당 모퉁이에서 쪽잠을 자며 집까지 팔아 유지비로 충당했지만 끝내 가게를 살리지 못하고 헐값에 넘겨야 했다. 빈털터리가 되어 지금 다시 콜택시 기사로 일하고 있다.

낯설고 말이 선 이국땅에서 하루 16시간씩 몸 팔고 목숨 팔아 번 돈을 하루아침에 다 날린, 쓰라린 심사야 말해 무엇하겠는가.

"요즘 지낼 만합니까?" 조심스럽게 물어보았다.
"집까지 잡아제끼며 할 건 다해 봤잖아. 그래도 안 되면 인정할 건 인정해야지" 덤덤하게 술잔을 비운다.

"인정해야지" 말을 듣는데, 인간적 신뢰가 팍 간다. 그 말 속에는 패배자의 비애감이나 한탄이 슬어 있기보단 비겁하게 도망치거나 피하진 않았다는 책임감이 진하게 스며 있다.

책임진다는 것.
상황이 녹녹치 않거나 실패해도 묵묵히 짊어지는 것. 성공하더라도 우쭐하지 않고 '운이 따라 주었군' 씩 웃어넘기는 여유면 좋지 않을까?

김치가 중국 것이면?

뉴욕 **에서 일할 때.

대형 건물의 복합 상가 두 개 층을 쓰는 대소 연회장을 갖춘 기업형 식당. 회장의 아들 스티브가 중간 관리자로 근무하였는데, 키가 훤칠하고 핸섬해서 아가씨들에게 인기가 많았다. 미국에서 나고 자란 젠틀하고 반듯한 20대 후반의 청년이었다.

부모는 한국인이었으나 한국어는 대충 알아들어도 말은 잘하지 못했다. 점심 휴식 시간, 그와 직원들이 커피를 앞에 두고 모여 있으면 가끔 내가 다가가 장난을 걸곤 했다.

"스티브, '덥다'가 네이티브(본토) 잉글리시로 뭐예요?"
"잇츠 핫."

"오 노우. 미국 애들 누가 '잇츠 핫' 그래요? 스티브는 도대체 영어를 어디서 배웠어? 미국 애들은 더우면 옷부터 벗어요. 그죠? 옷을 벗으면서 게슴츠레하게 눈을 뜨고 끈적끈적한 목소리로 '오 마이 갓' 이게 덥다는 뜻이야. 알겠어요?"

"오, 예? 왓 에버……(그래요? 뭐 어쨌든……)"

"'춥다'는 뭐지?"
"잇츠 콜드."

"어허, 네이티브 잉글리시 몰라? 스티브는 영어를 나한테 다시 배워야 해. 미국 애들은 추우면 몸을 바짝 움츠리잖아. 눈꼬리에 힘을 주고 이렇게 노려보면서 '오우 쉣' 그러잖아. 이게 춥다는 말이야. '오우 쉣'. 안다스텐 모른다스텐?"
스티브가 어깨를 으쓱하며 웃어넘긴다.

"스티브, 쓰판로마가 뭔지 알아요?"
"아이 노. 잇츠 배드 워드. 나쁜 말이에요."
"노우, 낫 배드 워드. 영어, 불어, 독어의 어원이 어느 말인지 알아?"
"라틴어."

"노우, 세계 모든 언어의 어원은 코리안이야. 알아요? 한국의 욕도 중국 가면 '쓰판라마(식사하세요)'가 되고 러시아에 가면 '쓰바시바(감사합니다)' 미국에 가면 '아이 씨 팔로 미(I see, follow me. 제가 안내해 드리지요)' 이렇게 되는 거야.

자, 눈을 감고 의미를 생각하지 말고 소리만 들어봐요. '쓰판로마'. 굉장히 아름답게 들리죠? 쓰판, 거센소리로 폭포수같이 쏟아지

다가 로, 유음으로 부드럽게 미끄러지고 마, 입안에서 공명을 울리며 진한 여운을 남기잖아.

쓰판로마. 강약으로 조화되고 리드미컬한 멜로디를 구성하는 한 편의 교향악이고 시야. 그러니까 저들이 우리 욕을 가져다가 가장 고귀한 언어로 써먹잖아. 알겠어요?"

"스티브, 햄버거가 어느 나라 음식?"
"아메리카."

"이런, 정답은 무조건 코리안이라고. 눈치가 그렇게 없어? 햄버거는 코리안 푸드야. 주먹밥 알아요? 밥 안에 소금, 야채, 고기를 넣어서 뭉쳐 먹는 게 주먹밥인데, 햄버거는 밥 대신 빵으로 뭉친 주먹밥. 한국 음식이야. 알았지요?"

요즘 중국에서 김치도 중국 것. 한복도 중국 것. 영어도 중어의 방언. 심지어 머리에 쓰는 갓뿐만 아니라 세종대왕, 윤 동주 시인, 김연아 선수마저 중국인이거나 중국의 소수 민족 조선족의 대표 인물이라 우긴단다.

애초에 내 것, 네 것이 따로 없다는 의미라면 틀린 말은 아니다. 그러니까 만주뿐만 아니라 중국 땅도 우리 것이 되고, 미국 대륙도 우리 땅이다.

햄버거가 한국 주먹밥이고 히라가나가 한국어이다. 달도 한국 달이 더 크고 밝다. 안 되는 것이 있다면 당신의 상상력의 부재일 뿐.

기차는 달리고 싶소

(지난 대통령 선거 기사에 댓글로 달린 어느 분의 눈물겨운 고백이다.)

3.5, …… 7
M 님에게로 가는 저희 집의 표 흐름입니다. 전부 8표인데 끝까지 아내는 P를 찍겠다고 고집하네요. 하는 수 없이 제가 비아그라 두 알을 준비했습니다.

오늘 초저녁부터 작업에 들어갈까 합니다. 결정적인 순간에 브레이크를 걸어 놓고 마지막으로 협상을 해 볼까 합니다.
"여보, 기차는 계속 달리고 싶소. 아직도 P요? 이젠 M으로 갈아타시오"
"뭥미?"
"여기서 바퀴가 빠지는 일은 없기를 바라오."
"바퀴 빠진 고물 따위는 필요 없어!"
"……."

그것도 여의치 않으면 마누라를 떡실신시켜 아예 내일 투표장에 가지 못하도록 할 계획인데 식겁할 판입니다.

민주주의의 꽃 투표. 내가 대통령을 임명하는 신성한 권리. 야만적 본능을 이용해 짓밟는 것은 기만적이고 야비한 비민주적 폭거임을 왜 모르겠습니까? 그러나 국가의 만년 대계를 위한, 야수의 심정으로 유신의 신장을 쏘겠습니다.

'사람이 먼저인 세상' 정권 교체가 그리 쉬운 것만은 아님을 진즉에 알았겠지요. 그렇지만 말입니다. 왜 제 아랫도리가 가장 먼저 그 시련을 겪어야 하는지 그것을 알지 못해 그저 슬플 뿐입니다.

여러분의 힘찬 성원이 필요하군요.

내일,
쌍코피를 틀어막고 걸음을 허우적거리며 투표장을 나서는 자를 보거든 혀를 끌끌 차며 얼굴을 돌리지 마시고 슬쩍 팥빵이라도 하나 손에 쥐여 주세요. 잊지 마세요. 팥빵이에요.

처음 이 글을 대하고 얼마나 웃었는지 모른다. 이런 글에 알레르기 반응을 보이는 사람이 있다는 것도 안다. 그런데 조금만 떨어져 생각해 보면 '신념이란 저토록 모질단 말인가' 섬뜩하다.

신(信) 자가 주는 일방적 폭력성 때문이다. 信은 말하는 자이다. 듣는 귀는 없고 입만 있는 사람. 기차가 달리자면 선로가 있어야 한다. 입으로 굴복시켜 너를 선로로 깔아 달리고자 하는 기차.

길이 그러하듯 말도 오고 가야 길이 생긴다. 일방적이란 앞으로만 내달린다. 옆으로 비켜서거나 돌아가는 법이 없다. 한쪽으로 쏠림이다.

한쪽으로 치우치면 바퀴가 망가진다. 바퀴 빠진 기차가 무작정 달리겠다고 막무가내로 깔아뭉개고 나아가는 것이 신념이다.

몸이 유연성을 잃고 딱딱하게 굳으면 암덩어리가 된다. 신념은 생각의 길이 막힌, 바늘 한 귀조차 꽂을 수 없는 정신의 암덩어리일 수 있음을 돌아봐야 한다.

'한결같다'가 앞뒤 꽉 막힌 똥고집이 안 되기 위해선 오갈 수 있도록 생각의 문을 열어 놓아야 한다.
'음, 그럴 수도 있겠군' 생각의 유연함은 나의 광장에 네가 머물 의자를 내어 주는 일이며, 네 광장에서 나를 용납토록 하는 통신선이다.

부부의 내밀한 잠자리마저 상대를 복종시키고 나를 성취하기 위한 도구로 사용할 만큼 신념은 비정하다.

잠자리의 핵폭격에도 무너지지 않는 요새가 신념이다. 신념이 마주치면 한쪽이 박살나거나 둘 다 완전히 타 버리고서야 끝나기 여사다.

감나무

몹시 가문 올여름.
고향 땅은 물 한 방울이 모가지에 걸려 넘어가지 않을 정도였다니 물이 얼마나 귀했는지 알 만하다.

동구 앞 단감나무는 내 나이보다 대략 20살이 많다. 70살은 넘었겠다. 꼭 한 해씩 해거리를 한다.

작년, 햇살에 터질 듯 노란 감을 주렁주렁 달았으면, 올해는 할머니 젖꼭지 같은 쭈렁탱이 감을 크기도 전에 다 땅에 쏟아 낸다. 한 해를 열매 없이 넘기고 쉬어 간다. 힘에 부쳐서인지 꼭지에서 감이 자리를 잡기도 전에 모두 떨구어 버린다.

올 늦봄,
네 겹 꽃접시에 앉아 황백의 입술을 삐죽이 내밀던 감꽃이 떨어진 자리마다 감이 맺혔다. 한 해씩 건너뛰던 감나무가, 올해는 어쩐지 작년보다 더 많은 감을 빈틈없이 달았다.

순리로 보나, 작년 늘어진 과실에 단물을 채우기 위해 뻔질나게 가지를 오르내렸던 고단함을 보더라도 올해는 그냥 뛰어넘는 게 맞다.

감꽃 내리고 얼마지 않아 어린 열매를 모두 쏟아 버리지 했는데 그게 아니었다.
봄부터 비는 내리지 않고 해가 타오르니 감나무도 애가 탔는지 열매를 꽉 잡고 놓아주지 않는다.

나무는 해거리의 쉼도 잊은 채 가지마다 감을 채워 놓고 무아경에 빠졌다. 마치 비행기가 폭탄을 퍼부어 대는 전쟁 통에 놀란 어미가, 열이나 되는 자식을 품에 담고 하늘을 올려다보는 모양새다.

감나무는 물 한 방울 간절함을 퍼 올려 아름다운 우주를 주렁주렁 매달았다. 물 한 방울 결핍을 온몸으로 껴안아 왕성한 열매로 완성해 냈다.

감꽃은 하얗고 삐죽거려 한 대 쥐어 주고 싶은데, 가지마다 노랗게 익은 감은 어찌나 구성지고 포근한지 모른다.

우리 어릴 때까지만 해도 보릿고개를 넘자면 물바가지깨나 들이켰다. 그래도 그땐 살기 힘들다고 제 목숨을 내려놓는 일은 흔치 않았다.

없을수록 목숨을 지피는 불길이 컸다. 활활 타올라 옆에 서 있기만 해도 데일 정도다.

욕망은 목숨이다. 결핍은 욕망을 태우는 재료다. 모자람을 그대로 놓아두는 것도 욕망하는 방식일 수 있으나 욕망 그것을 거둘 수는 없는 노릇이다.

결핍은 부족함만을 일컫지 않는다. 결핍의 결핍. 넘침도 결핍이다. 그러고 보면 가장 궁핍한 자는 살이의 불쏘시개를 가지지 못하는, 결핍이 결핍된 자라 하겠다.

마약에 빠져든 부잣집 도련님, 공주님이 그런 경우다. 아무 모자람 없이 자라면 모자람의 갈급함을 알 리 없다. 생명을 데우는 불꽃을 어디서 구하는지 모른다.
연민의 결핍을 알아차리지 못하니 사랑하는 법, 욕망하는 법을 알지 못한다.

소욕지족, 욕심을 멈추고 만족할 줄 알면 부유하다. 넉넉함은 가짐에서가 아니라 평안함에서 온다 하겠다.

나는 소욕지족을, 작은 욕망이라도 풍족할 줄 알면 부유하다 말하고 싶다. 욕망이 풍족하다는 희망을 말한다.
모가지가 타는 절망 속에서도 한 방울 물을 건져 올려 과실을 채우는 감나무라면 욕망이 풍족한, 소욕지족의 큰 사람 풍모라 할 만하다.

사족을 덧붙이자면, 탐욕은 욕망의 넘침과는 다른 병든 욕망, 질병이다. 탐욕은 가속 페달만 있고 속도를 조절하는 브레이크가 없는 자동차와 같아서 멈추었을 땐 이미 산산조각 난 후다.

탐욕의 재료는 욕심이다.
욕망이 몸소 불을 지펴 방을 데운다면, 남이 지핀 불을 끌어와 내 방에 대자고 불나방처럼 덤비면 탐욕이다.
감나무가 사과를 욕심내는 것과 같다고나 할까.

꿈을 꾸세요

꿈을 꾸세요.

저 둥근달 앞섶을 마구 헤쳐
하얀 젖무덤을 틀어줄 듯한 밤에만
꿈이 찾아온 것이 아니에요.
헐렁한 스케이트화 테이프로 묶으며
나의 꿈도 동여매었지요.
엉덩방아 수없이 찧을 때마다
가슴속 구멍도
달 하얀 꿈으로 채워 넣고, 토닥였죠.

내 키, 모가지쯤에 닿는
꽃봉오리를 그려 보았어요.
한겨울이 유별난 동장군을 앞세워 버티고 서 있었겠죠.
칼날은 또 얼마나 세우시려는지……
그렇지만 그 길을 피하고
찢겨진 발자욱마다 핏방울이 돋지 않았다면

빨가히 피어나는 봄 길에 닿을 수나 있었겠어요.

꿈을 꾸세요.
어디쯤 왔을까
뒤돌아보는 그 까마득한 어둠마저도……

가다 보면 얼굴에 분 돋을 날 있을 거구먼, 어머니 말씀처럼
이쯤에서 기다리고 서 있으면
오신다는 그대
내 얼굴 알아나 보아줄까

언덕에 바글거리던 바람에
흠칫 놀라
봄 따라
햇살 끝, 아득하게 꿈꾸던 꽃망울처럼

감사합니다
(김 연아. 타이스의 명상곡을 보고)

한 방울 이슬이 잠자는 아기 노루의 눈언저리에 떨어집니다.
놀란 아기 노루, 눈망울을 깜박이며 돌아봅니다.

-누구야?
-응, 네 친구 이슬이란다.
엄마 노루가 말했습니다.
-저기 누구야. 춤추는 거야?
-보려무나. 네 친구 백조란다. 아가야.
-야, 이쁘다.

-아름답지? 그래. 넌 언제나 그 기쁨을 너의 친구로 삼아야 한다. 이슬이 너를 톡 쳤을 때의 놀라움처럼, 언제나 그렇게 표정을 해 주렴. 그럼 세상이 네게 다가와 손을 내밀어 준단다.

햇살이 숲의 숨소리를 보여 주었을 때 이슬이 네게 다가와 안기었듯이. 풀들이 아침 향기를 들려주었더니 저 소녀가 손 흔들어 대답하는 것 좀 봐.

아름다움은 그렇게 마음의 손짓이란다. 할머니가 어떤 땐 네 친구 같다고 했지? 그것은 조그만 소리에도 귀 기울여 주는 웃음이 있기 때문이야.

할머닌 아직도 꿈을 꾸는 꽃봉오리 소녀란다. 네가 어른이 된다고 하더라도 변치 말아야 할 것이 그것이야.
대답! 소소한 마음의 소리에도 기쁘게 박수를 쳐 주렴. 그럼 언제나 지금처럼 꿈을 꾸며 살아간단다. 저 백조처럼…….

저 소녀가 네 소리를 들었나 보네. 어머나, 하늘 보고 누워서 도는 것 좀 봐. 너도 보이니? 손끝마다 꾀꼬리가 노래를 따라 부르네. 네 대답이 저 소녀를 기쁘게 했나 보다.

저 소녀는 늘 백조로 살아갈 수 있을 거야. 네 작은 반응에도 저토록 아름답게 응답해 주다니…….

-엄마 엄마, 저기 봐. 소똥구리가 숨이 찬가 봐!
소녀의 춤이 끝나고 꿈에 젖어, 아기 노루가 깜짝 소리를 지릅니다.

(김 연아 선수가 연기한 타이스의 명상곡. 자신의 작품을 아껴 주고 성원해 준 팬들에게 감사를 전하고자 준비했다 합니다.
손끝의 표정 하나에도 나비가 더듬이를 늘어뜨리네요. 감사가 최고의 아름다움입니다.)

당신은 봄입니다

스산한 사랑처럼 냉소가 난무하는 겨울이 다가왔습니다.
가는 걸음마다 눈보라 치고 서릿발 돋아 오릅니다.

하지만, 곧 또 봄이 올 겁니다.
꽃이 피고 새들이 높이 날고 연인들은 팔짱 조여 몸 부비는,
나에게는 또 다른 시련의 계절이기도 합니다.

꽃은 나의 덧없는 욕정을,
새싹들은 또 한 해 나의 시듦을,
연인들의 환기는 나의 시기를 북돋기 때문입니다.

그리하여 나는 봄이 좋습니다.
그러한 질투와 시기는 나로 하여금 사랑하고픈 열정을 끊임없이 퍼부어 대기 때문입니다.
부정과 염세를 세탁하여 긍정과 낭만을 촉발하는 까닭입니다.

나도 이제 사랑이 하고 싶습니다.

비눗방울 같은 망울진 눈동자가, 별나지 않은 민중성이,
과장 없는 진솔성이, 수줍음이 잘 어울리는 달 타는 웃음이,

산처럼 봉긋 돋아
산 같은 푸근함이 아름다운 당신을 만나고 싶습니다.

사랑이 하고 싶습니다.

미안해 제니퍼

코네티컷 모히건 선 카지노에서 멀리 떨어지지 않은 일본 식당에서 스시 장으로 일할 때.

팁이 주 수입원인 웨이트리스는 모두 백인 아가씨였는데 주말엔 10여 명이 넘었다. 얼굴이 동그스름하고 블론디 헤어가 빛나는 제니퍼가 두 번이나 나를 속이는 일이 발생했다.

주문 종이는 원장하고 복사지로 되어 있다. 원장은 나에게 오고 복사지는 계산대로 간다. 제니퍼는 스시 주문 복사지를 계산대에 주지 않았다. 손님은 음식을 먹고도 돈을 지불하지 않게 된다.

그녀의 행동이 켕겨 캐셔에게 확인해 보니 역시나 그랬다. 팁을 많이 받기 위해 손님에게 공짜로 스시를 대접한 것이다.

"내가 돈을 내겠다." 그녀가 말했지만
"넌 자격이 없다. 내가 허락할 때까지 주문을 넣지 마라." 난 냉정하게 박대했다. 반성할 때까지 칵테일 바나 다른 부서에서 일하도록 했다.

일과를 마치고 사장님이 제니퍼를 데리고 왔다.

"부장님, 내가 제니퍼를 혼냈으니 이제 화해하죠." 한다. "화해하죠" 그 말이 빈정을 확 상하게 한다. 그녀가 나에게 사과하고 용서를 구하는 것이 순서일진대 화해라니?

"내가 제니퍼와 싸웠나요?" 사장의 처사가 못마땅해서 화해를 거절했다. 불쾌함을 숨기지 않고 돌아섰다.

이튿날 분명 제니퍼의 이름이 칵테일 바 담당으로 적혀 있는데 그녀는 보이지 않는다. 자존심이 상했던지 바로 그만뒀다.

그럴 의도는 아니었는데 나로 인해 한 사람이 직장을 떠나야 했다. 일이 손에 잡히지 않는다.

"제니퍼 전화번호를 알 수 있을까요?" 사장님에게 물었다. 그녀에게 내 의지는 그게 아님을 말해 주고 싶었다.

"소용없어요. 두 번이나 전화했는데 오지 않겠다는군요." 사장 또한 내가 마뜩찮은 표정이다.

얼마 지나지 않아 나도 그만두었다. 마음도 불편하고 의욕도 나지 않았다.

이어서 일하게 된 곳이 뉴욕 플러싱에 있는 금** . 한식당의 스시부였다. 며칠 지나지 않아 또 파티 부서의 매니저와 갈등을 빚게 되었다.

어제 분명, 오늘 아침에 나갈 출장용 모듬 회 주문을 넣었다는데 난 받은 적이 없다. 재료가 준비되지 않아 해 줄 수가 없었다.
"생선이 오는 데로 바로 해 줄 테니 조금만 기다려라."

"지금 당장 출발해야 하는데 그걸 지금 말이라고……." 젊은 친구가 제 성질에 못 이겨 욕지거리까지 섞어 가며 투덜거린다.
"너 방금 뭐라 그랬어? 이 자식이……."

"뭐요? 이 자식!"
이렇게 해서 우린 지하실에서 주먹다짐까지 가게 되었다. 당시 나는 30을 갓 넘긴 혈기 장장하던 때라 참지 않았다.

점심시간에 차장님이 나를 사무실로 불렀다. 커피를 내밀며
"이놈을 내보내든가 해야지 정말 못 쓰겠네. 한두 번도 아니고."
젊은 친구가 이미 윗선에 찍힌 모양이다.
"왜 싸웠지요? 내가 그 이유를 알아야……."

"싸움은 둘 다 자기가 잘났다 해서 일어난 게 아니겠습니까. 말씀을 들으시려면 두 사람이 있는 자리에서 하는 게 좋겠습니다." 난 분명 그렇게 말했다. 내가 일방적으로 유리한 입장에서 말하고 싶지는 않았다.

싸움은 그 친구와 내가 시말서를 쓰는 것으로 마무리되었다.

평창 동계 올림픽. 여자 팀 추월 경기가 끝나고 노 선영 선수의 왕따 논란으로 시끄러웠다. 3명이 팀을 이루는 경기에서 마지막으로 결승점에 닿는 선수의 기록으로 승패를 따지는데, 노 선영 선수가 멀찍이 뒤처졌음에도 김 보름, 박 지우 선수가 나 몰라라 팽개치고 내달렸다 해서다.

김 보름 선수가 인터뷰하며 약간 웃음을 띠었는데, "노 선수를 향한 비웃음 아니냐", "선수 자격을 박탈하라" 사람들은 그녀를 거칠게 쏘아붙였다.

그 사건으로 김 보름 선수는 '다시는 스케이트를 탈 수 없을 것 같다' 국민 죄인이 되어 정신 병원을 오가며 치료를 받아야 했다.

정의의 편에서 심판하리라, 공정의 돌을 날리고 분노의 침을 뱉는 사람들을 내가 탓할 주제는 안 된다. 훈계는 더구나 아니다.

그런데, 한 사람의 인격을 나라 전체가 들썩거리도록 사냥 놀이의 몰이감으로 내몰아 소비하며 흥을 돋우는, 더구나 정치인까지 나서 맞춤을 추며 추임새를 넣는 모양을 보고 이건 아니지 싶다.

올림픽 전부터 어린 학생들에게 재능 기부를 하고 꾸준히 봉사 활동을 해 온 선수. 요란 떨지 않고 조용히 기부하던 야물딱진 아가씨. 그 나이면 몸에서 이는 봄바람을 멀리하고 죽어라 운동하며 자기를 건 승부사.

 승패를 나누어야 하는 결정적 순간, 잔인했던 시간을 한꺼번에 다 토해 내고 빈껍데기로 털려 본 사람은 안다. 진이 쏙 빠져 자기도 모르게 새는 웃음이 있음을.
 전부를 쏟아붓고 나면 그 자리를 채우는 허탈함이 뱉는 무의식의 탄식 말이다. 김 보름 선수에게 올림픽이 그랬다.

 피와 눈물로 다져 정수리 끝에 모아온 골수가 올림픽 총성과 함께 한순간에 터져나가면 영혼이 헛헛하게 무너져 내리며 제멋대로 배실배실 웃음이 삐져나온다.

 누구를 모욕 주고 말고 아무런 생각도 없다. 하나의 초점에 삶을 집중시켜 본 사람이라면 한 번쯤 겪어 보았을 것이다.
 방전되어 불꽃이 사그라든 몸에서 헛웃음이 새어 나올 정도면 그녀가 얼마나 민감하게 세상과 마주쳤는지를 보여 주는 지표다.

 내 논에 먼저 물을 대고, 유리한 위치에 오르면 한 방 지르고 싶은 건 인지상정이다. 그렇지만 보지 않는다고 보이지 않는 세계가 없는 건 아니다.

 팁을 더 받기 위해서라기보다 좋은 인상으로 단골이 많아지기를 바랐던 제니퍼. 위아래를 챙기기에 앞서 자신의 임무가 엄격했던 매니저.

 이젠 보고도 보이지 않는 세계가 있다는 걸 감지한다.

 나는 아직도 마음을 개간하는 중이다. 돌을 주워내고 이랑을 고르려 애쓴다. 마음을 기름지게 하는 좋은 비료는 '음, 그럴 수도 있겠군' 너를 내 안으로 데려오는 일이다.

 빵을 슬쩍한 것을 훔침으로 보면 경찰서로 달려가고, 배곯음으로 보면 손에 우유를 쥐여 준다. 경찰서로 가면 그는 도둑이 되고 손에 우유를 쥐여 주면 친구가 된다.

 (김 보름 선수 힘내세요. 님을 열렬히 응원하는 사람이 있다는 것도 알아주세요. 웃음을 되찾기 바래요.)

야구장에서

 나와 형 아우하며 지내는 B가, 박 찬호 선수가 선발로 뛰는 야구 티켓을 구해 와 메츠 홈구장을 찾았다. 플러싱과 맨해튼을 잇는 7번 전철을 타고 늘상 보아 온 경기장. 직접 관중석에 앉아 보기는 처음이다.

 단체 티켓인가 보다. 한인들 대부분 꼭대기 층 중앙에서 좌측 열에 무더기로 자리 잡았다.
 집단의 힘일까. 동포 의식일까. 가슴이 끌어 오르며 흥분된다. '박 찬호! 박 찬호!' 우린 그가 마운드에 오를 때마다 목이 터져라 이름을 연호했다.

 메츠 팬들이 압도하다 보니 우리의 응원은 그렇게 힘을 발휘하지 못했다. 그럴수록 지지 않으려 악을 썼다. 고함을 지르고 꽹과리와 북을 두드려 댔다.

 박 찬호 선수가 와인드업한 후 공을 뿌리는 박자에 맞춰 '차자장' 하고 기를 불어넣었다. 타자를 삼진으로 누르고 돌려세우면, 내가 적을 굴복시킨 장수라도 되는 양 한껏 부풀어 올라 쾅쾅 발을 구르고 의기양양했다.

옆 열에서 메츠 선수들의 선전에 박수를 보내던 관중들도 우리의 신들린 응원이 재미있었던지 엄지를 치켜들어 보인다.

6회, 3 실점하고 박 찬호 선수가 마운드를 내려갔다. 우리의 고함소리도 힘을 잃고 자연스레 시들었다.

7회가 넘어가자 어느 정도 승패가 지어졌다 여겨 관중들이 떠나기 시작했다. B 동생과 난 좀 더 가까이서 경기를 보기 위해 아래층으로 자리를 옮겼다.

맞은편, 중계석이 눈에 들어온다. 아나운서와 해설자를 알아볼 수 없는 먼 거리지만 그들의 목소리가 들리는 듯한 현장감이 느껴진다.

나와 아나운서 그리고 선수
나중이지만 난 이 그림에서 엉뚱하게도 무소유를 읽었다.

투수와 타자의 실력은 그들의 것인가?

중세까지 거슬러 갈 것도 없다. 그들이 단 1-2세기 전에라도 태어났다면 공을 던지고 받으며 돈을 벌 생각은 아예 할 리 없다.

투수와 타자라는 이름도 없으니 어디에서도 공을 잘 던지고 치는 것을 능력이라 하지 않는다. 밥벌이 근처도 못 간다. 누구도 그 짓을 하진 않을 것이다.

상업 자본이 야구를, 소비자가 돈을 지불할 만한 상품으로 개발하지 않았다면 투수와 타자라는 직업은 없다.

아나운서가 흥분을 자아내고 해설자가 재미를 더한다. 공을 던지고 치는 것을, 고품질의 상품을 생산하는 기술로 포장하고 나아가 예술의 경지까지 끌어올린다.

카메라는 아빠 손을 잡고 온, 특별히 선수의 등 번호가 적힌 유니폼을 입은 꼬마에게 초점을 맞추고 이야기를 만들어 낸다.

1점을 지키기 위해 안간힘을 쓰는 투수의 얼굴을 클로즈업한다. 손에 땀을 쥐고 떠는 관중의 주먹을 부각시켜 긴장을 최고조로 돋우며 흥미를 뽑아낸다.

역전 안타를 날리는 선수와 감탄사를 연발하며 벌떡 일어나는 관중을 교차로 배치하여 관심을 생산하기에 바쁘다.

아무리 훌륭한 상품이라도 사는 사람이 없으면 말짱 꽝이다. 야구를 보는 내가 없다면 야구라는 직업에 연연하는 사람은 없다.

야구 실력은 경기를 봐 주고 손뼉을 치는 나에 의해 키워진다. 지켜 주고 응원하는 박수 자본이 없다면 그들의 진가라는 것도 한낱 동네 아이들의 소꿉놀이에 불과하다.

피땀 흘려 쌓았다는 재능도 실제 사정을 보면, 시대가 깔아 놓은 기회에 올라탄 것에 불과하다. 내가 주체적으로 선택한 것 같지만 시대에게 선택당한 것에 지나지 않는다.

지금은 기억 잘하는 능력으로 판검사를 할지 모르나, 모든 법조문을 외는 인공 지능 AI가 감정 개입 없는 판결로 더 신뢰를 얻는 시대가 오지 말란 법 없다. 또는 머리에 이식한 칩 하나로 기억력과 연산력이 동등한 시대이거나.

트랙터가 개발되며 마부가 사라졌듯, 기억을 잘하는 공부보다 낚시 기술을 익혀 어부가 되는 것이 생활에 더 유리할지 모른다.

재능이 이런저런 인연이 합쳐 이루어 낸 생산품, 공동체가 만들어 낸 합작품, 시대의 손에 적절히 채택된 행운이라면 우연의 산물이다.

애초부터 내 것은 없다 할 만하다. 야구 실력에 상품 설계자의 수고가 포함되고 박수 부대의 몫이 들어 있다. 특히 박수 자본이 큰 부분을 차지한다.

무소유는 소유하라 마라. 소유에 집착 말라는 차원을 넘어선다. 가난을 장려하는 것은 더구나 아니다.

모든 소유의 구조는 애초에 내 것이란 없다는 무소유에 기반하고 있다. 야구 능력이 전적으로 그의 것이 아니듯, 애초부터 내 것이 없으니 전부를 가져서는 안 된다는 것을 무소유가 말한다.

무소유는 소유 가능한 것이 무엇인지, 내 몫을 얼마로 정해야 하는지, 가능한 선이 어디까지인지, 묻지 않고도 납득케 하는 소유의 과학적 법칙이다.

나누되 나누었다 의식하지 않고 당연하게 여기면 무소유다.

이 시대의 각자(깨달은 자), 무소유를 살아가는 큰 스님은 수입의 많은 부분을 기부하며 박수 자본의 몫으로 되돌려 준 가수 조 용필, 김 장훈, 마이클 잭슨, 하 춘화 선생, 배우 장 나라, 문 근영 선생, 운동선수 크리스티아누 호날두, 김 연아 선생, 기업가 빌 게이츠, 워렌 버핏 선생 같은 분들이 아닐까 한다.

(박수 자본-소비자에서 끝나는 것이 아니라 소비자를 생산자의 반열에서 다시 바라보자는 입장에서 써 보았습니다)

나은이

내가 TV를 즐기진 않지만, 정인이 사건이 있기 전까지 빠뜨리지 않고 보던 프로가 있었다. 엄마를 대신해 아빠가 육아를 담당하는 〈슈퍼맨이 돌아왔다〉

아이들 행동은 하나하나가 시고 음악이다. 미소를 중심 잡는 아랫니 두 개는 지축을 떠받는 시어다. 무다리로 뒤뚱거리는 걸음걸이. 불안한 음표는 어느 음악가도 흉내 내지 못할 천상의 화음이다.

한번은 서당에서 훈장 선생님이 아이들에게 예절 교육을 한 후 잠시 자리를 비우는 상황이 그려졌다. 탁자 위에는 나무 채반에 담긴 쌀과자가 놓여 있다.

아이 하나가 유혹을 못 이기고 과자를 집어 가자, 눈치를 살피던 나머지 아이들도 슬금슬금 과자를 가져가기 시작했다.
"안 돼, 주지 않은 것은 가져가면 안 돼" 나은이가 일침을 가한다. 아이들 귀에 들어올 리 없다.

한 아이가 혼자 먹기 뭐했던지 나은이를 끌어들인다. 나은이에게 과자를 내민다. "갖다 놔" 친구를 타이르는 나은이. 조금도 흐트러짐 없다.

이제 4살을 갓 넘긴 아이가 어디서 저런 힘이 나오는지 어렵지 않게 알 수 있다.

"나은이, 엄마를 도와주겠어요?" 안나는 설거지를 할 때면 딸에게 정중히 도움을 청한다. 안나가 설거지한 그릇을 나은이가 다람쥐 손을 조물조물하며 정돈하면 딸에게 500원을 건넨다.

나은이는 저금통에 쏙 하고 동전을 집어넣고, 얼마나 들었나 흔들어 보곤 다시 제자리에 갖다 놓는다.

'네 몫은 정해져 있다. 네가 노동해서 번 것이 네 것이다. 네 것이 아니면 가져선 안 된다' 안나가 설거지로 어린 딸에게 일러 주는 건 그것이다.

맨해튼에서 피자 가게를 할 때,
핼러윈을 맞아 얼굴에 갖은 그림을 그린 꼬맹이들이 분장의 내용에 알맞은 코스튬을 꿰차고 가게를 줄지어 들어온다.

'트릭 오어 트릿' 깜찍한 입 모양만큼이나 어여쁜 목소리로 통을 내밀면, 나도 마냥 즐거운 아이가 되어 미리 준비한 사탕과 과자를 넣어 준다.

"당신은 왜 과자만 받고 돌아서는 아이를 그냥 보내냐?" 테이블에 앉아 피자를 먹던 백인 아주머니가 나를 타박하고 나선다.

"뭐라고 말해야 하지?" 나는 말없이 돌아서는 아이의 두 팔을 부드럽게 잡고 돌려세우며, 쪼그려 앉아 물었다.
"땡큐" 앙증맞게 아이가 대답한다.

그때 난, 그들이 아이들에게 늘 주입하는 땡큐의 의미를 알았다. '세상에 당연한 건 없다.', '그저 주어지는 건 없다'를 대신하는 말이 '땡큐'였다.

엄마가 피자 한 조각을 사 주어도 '땡큐 맘'. 친구와 1박 등산 캠핑을 허락하는 아빠에게도 '땡큐 대디'. 엄마 아빠니까 '당연히' 해 주어야 한다는 생각에서 벗어나게끔 일깨우는 것이 땡큐다. 당연하지 않으므로 아이의 '땡큐'는 당연하다.

조금 비약하면, 자녀에게 교육하는 '땡큐'엔 부모가 해 줄 수 없거나 해 주지 않는다면 너 스스로 해야 한다는 의미까지 포함한다.

단순한 경제 교육 예절 교육이 아니라, 삶 전체를 관통하는 중심을 잡아 준다. 나은이가 유혹에 빠져들지 않는 것은 당연하다.

  공자는 나이 40이면 불혹이라 했다. 40에 이르러서야 유혹에 흔들리지 않을 정도면 볼 장 다 본 것 아닌가?
  아무리 공자라 해도 4살 나은이보다 못 할 때도 있는 법이다.

  4살부터 불혹을 시작하는 나은이. 한 나은이가 두 나은 되고 열 나은 되고 일만 나은이가 될 때 세상은 중심을 놓지 않을 테다.
  가지는 것과 가져선 안 되는 것이 분명하면 마귀가 아무리 흔들고 분탕질 쳐도 중심은 꿈쩍하지 않을 테니.

  나은이가 늘 메고 다닐 만큼 애착이 컸던 가방을 전철 선반 위에 올려놨다 깜빡하고 내린 적이 있다. "내 가방"을 부르짖으며 네모진 입으로 서럽게 우는 딸.

  울음이 그치지 않자 아빠 박 주호는 어쩔 줄 몰라 쩔쩔매다 안나에게 전화를 건다. 나은이에게 바꾸어 주는데

  "그만 울어. 넌 강하잖아. 넌 강해." 엄마의 차분한 말 한마디에 울음을 뚝 그친 나은이.

  강하다는 건 중심이 있다는 것.

노부부

여름 문턱의 봄날이었던가? 볕이 말랑말랑 달라붙는 늦은 오후. 종로 3가에서 교보문고를 향해 오르다가 간만에 탑골공원에 들렀다. 비가 그친 다음 날이라 하늘이 좋았다.

평온한 날씨를 베고 누운 사람. 두 노인 앞에 놓인 장기판을 골똘히 내려다보는 사람. 자주 보던 장면이다.

오른쪽 중키만한 나무 그늘 아래 두 노인이 무심한 듯 앉아 있다. 한눈에도 노부부다. 할머니 단장이 꽤나 곱다.
부드러운 레이스가 달린 하얀 블라우스로 한껏 몸을 살렸다. 할아버지는 아마 연한 연두색 개량 한복을 입은 것 같다.

말이 거추장스럽다는 듯 할아버지는 별말 없이 할머니의 손을 끌어당긴다. 할머니는 사람들이 지나칠 때마다 슬그머니 손을 빼곤 했다. 수줍은 새악시마냥.

그러다가도 할아버지가 내미는 손을 못 이기는 척 맡긴다. 가끔 알 듯 모를 듯 엷은 미소가 주름을 긋는다.

'딸네한테 댕기러 왔을까. 다붓한 며느리가 바람 좀 쐬고 오시라 입성을 차려 주었을까?'
 할머니는 지금 열여덟 예쁜 꽃송이다. 그 꽃길을 살금살금 헤치고 가는 것 같다.

 길 어귀에서 살짝 뒤꿈치를 들어 올려 남편을 마중하던 일. 동네 사람에게 들키기라도 하면 죄지은 사람 모양 새색시는 얼굴이 빨갛게 달아올랐겠지.

 어린 남편이 신문지에 싼 인절미 한 토막을 바지춤에서 꺼내 시부모 몰래 건네주던. 노을빛에 물든 각시의 머리칼이 고와 가슴이 먹먹했던. 사랑은 풋사과보다 시큼했으리라.

 그들이라고 왜 살이의 모퉁이가 없었을까. 만만한 마누라한테 짜증을 퍼부어 대던. 제 성질을 못 이겨 접시라도 내동댕이쳐야 분이 풀리던.

 "내가 잘못했어요" 맘에도 없는 소리로 남편을 달래고 부엌에서 몰래 눈물짓던. 다투고 할퀴고, 파두져 놓은 흉터가 미안해서 괜스레 '험험' 큰소리치던.

생의 길모퉁이에서 미워하고 상처 주고. 그러다가 다시 끌어안고 울던. 젖은 사랑이 없겠는가? 할아버지는 할머니의 흰머리가 꼭 자기 탓인 것 같아 가슴이 쓰리다.

할아버지는 지금 할머니의 손을 만지작거리며, 젖은 사랑을 말리고 있다.

- 세월이 흘러감에 흰머리가 늘어가네
모두가 떠나간다고 여보, 내 손을 꼭 잡았소.
인생은 그렇게 흘러 황혼에 기우는데,

유행가 한 자락이 따스한 햇살이 내려앉는 노부부의 손등을 파고 드는 한때이다. 할머니 머리에 하얗게 내린 눈발 위로 파랗게 사랑이 돋는다.

인간은 사랑이라는 한때를 캐내는, 캐내어야 하는 도굴꾼이다.

* 위 가사는 김광석의 노랫말 '어느 60대 노부부의 이야기'에서 가져 왔습니다.

신호등

봄바람이 살랑살랑 먼지를 흔들던 날.
여린 햇볕에 스며 있는 냉기를 옷깃으로 움츠리고 횡단보도 앞에 섰다.

맞은편에 예닐곱이 무심한 시선을 허공에 얹고 뻘쭘하니 서 있다.
때가 되었는지 학생 둘이 도로를 내려 걸음을 뗀다. 이어서 몇이 뒤따른다.

나도 그들을 따라 도로를 건너기 위해 걸음을 옮기던 차에 학생들이 까르르 웃으며 휙 돌아서 뛰어간다.
뒤따르던 사람들도 당황함을 감추지 못하고 얼른 인도로 올라선다.

아차 싶어 맞은편 신호등을 보니 여전히 빨간불이다.
학생들이 장난을 친 것이다. 멋쩍은 웃음이 입가에서 무너진다.

내 신호등을 앞에 두고도 다른 사람의 걸음을 따라가는 너는 누구인가?

달은 보지 않고 손가락만 본다는 말을 조금 알 것 같다.
보는 눈을 잃고 보이는 눈만 쫓아간다는 뜻일 게다.

그땐 그랬지
(언어의 뾰족함이란……)

20대 후반이었지요. 그때의 이야기를 하렵니다.
아, 그날은 이마에 궁둥이에 진땀 나는 하루였다.

그 아가씨(박 모 양)가 또 실수를 한다. 일할 의욕이 없는지 행동도 느릿느릿. 짜증난다. 돌아서는 그녀의 뒤꼭지에 대고 한마디 했다.

"사람이 머리가 안 돌아가면 궁둥이라도 빨리빨리 돌아가야 할 것 아냐" 실은 이것은 내가 그녀에게 갖고 있던 호감과 관심을 쏟아붓는 일이었다. 한없는 애정 표시였다.

이렇듯 황당하고 어처구니없는 반어법을, 역설로 강조하는 사랑이랍시고 퍼부었던 것이다. 딴엔 그녀에게 확실하게 나를 심어 놓겠다는 의지의 표현이다.

일을 핑계 삼아 한 가닥 연줄을 걸쳐 보려 했는데…….
들었나 보다. 그녀가 돌아서서 째려본다.

점심시간이 되자 그녀를 앞세우고 여자들 몇몇이 모여 왔다. 좀 보잔다. 갔더니, 사과하지 않으면 무슨 희롱죄로 다스리겠단다. 나는 하는 수 없이 그 의미에 대해 설명해야 했다.

우리 속담에, 궁둥이에서 비파 소리가 난다는 말이 있다. 그게 무슨 뜻인고 하니 …… 그러니까 귀뚜라미나 여치가 어떻게 소리를 내는지 아느냐?

귀뚜라미는 다리를 몸통에 비벼서, 여치는 날개를 맞비벼 소리를 내는데, 무려 일 초에 100회 이상 비벼야 소리가 난다고 한다.

내가 사람의 궁둥이를 자세히 관찰해 보니까, 물론 난 국가가 보증하는 총각이니 할 수 없이 내 궁둥이를 거울에 비춰 보고 만져 보고 한 것이지만.

뭐 여러분 중에는 다른 사람의 궁둥이를 만져 본 이도 있겠지만. 또 나도 언젠가는 기회가 있겠지만(나중에 또 이 말을 걸고 넘어진다. 나 참,)

아무튼 사람의 궁둥이를 관찰해 보니 (나의 절박한 모션-두 팔을 앞으로 내어 엉덩이를 감싸듯 하면서), 형태는 원만하여 둥글고, 팽만하게 돌출되어 있어서 포만감을 가져다준다.

궁둥이는 상체와 하체를 단단히 엮어 몸의 중심을 잡는다. 비곗덩어리가 밀집되어 있는 고로 성질은 차다.

여자들이 더욱 도드라진 것은, 아기 낳을 때 소진하기 쉬운 에너지를 미리 축적해 놓은 것이란 설명도 보탰다.

그리고 궁둥이는 좌우 대칭형으로 두 쪽으로 이루어졌다. 근데 이 두 쪽이 미묘한 틈을 사이에 두고 맞대어 있어서, 이것이 빨리 부벼지면 마찰에 의해 열이 발생하고, 온도가 올라가면 땀이 난다. 이 땀이 소리가 나는 이치다.

본론으로 돌아가서, 궁둥이에 비파 소리가 난다 함은 서둘러 길을 가는 모양, 이리저리 분주히 나대는 꼴을 말한다.

원점으로 돌아가 보자. 머리가 안 돌아가면 궁둥이라도 빨리 돌아가야 한다는 말은, 우리 속담과 같은 원리이다.

머리가 조금 모자란다 하더라도, 그렇다고 모자란다는 말은 아니고 설사 그렇다 하더라도 열심히 일하면 먹고사는 데 지장 없다 그런 뜻이다.

결코 여러분이 상상하는, 그런 이상야릇한 의미가 아니다. 옛말에도 대부는 재천이요 소부는 근면이라 하지 않았나. 큰 부자는 하늘이 내린다지만, 열심히 노력하면 작은 부자는 이룰 수 있다 했다.

그녀들은 어처구니없다는 듯이 웃음을 툭 던진다. 입꼬리에 얇은 실소를 말아 올리고 나를 째려본다. 전혀 수긍하는 눈치가 아니다. 나는 좀 더 공격적으로 대응해야 할 필요를 느꼈다. 내가 말했다.

어느 유머란에서 이런 것을 봤다. 내시가 노조를 설립하려고, 노조 설립 신청서를 조정에 제출했는데, 조정에서는 다음의 이유를 들어 불허했다.

첫째 내시는 발기인이 없다. 하여 발기인 대회를 하지 못한다. 둘째 내시는 정관이 부실하므로 난관을 만나면 헤쳐 나갈 수가 없다. 셋째 내시는 씨를 뿌릴 수 없으니 추수가 불가능하다. 수확이 없는 고로 회비를 낼 수 없다.

넷째 내시는 고자를 이름이니 즉, 일러바치는 사람을 말하므로, 근본적으로 단결을 도모할 수 없다. 다섯째 내시는 사정을 할 수 없으니 사정 기관에 볼 일이 없다. 이러한 이유였다.

이 유머가 우리에게 하고자 하는 말은(난 입에 약간의 거품을 물었다. 의도적으로) 내시가 노조 설립 신청을 할 때까지, 그들 스스로 그렇게 많은 내부 모순과 문제점을 가진 줄 몰랐다.

그것이 불허되고 나서야 그들은 자신의 한계를 알았다. 그렇듯 여러분도 자신에게 모순은 없는지, 문제점과 한계가 무엇인지, 다른 사람을 탓하기 전에 '자기 검열'부터 먼저 해 보는, 그런 지성인다운 (다들 대학 나왔단다) 모습을 보여 주기 바란다.

소쿠리라는 양반도 "니 꼬라지를 알아라" 뭐 그런 말을 하지 않았냐. 나는 말을 마치자마자 머리에 궁둥이에 비파 소리가 나도록 그 자리를 떴다. 그 가시나한테 그동안의 점수 다 잃었다.

아, 사랑이 떠나가네.
두둥실, 두리둥실 사랑이 떠내려가네.

(이리하여 나의 사랑은 떠나갔습니다. 결코 감동적이지 못한 사랑 표시 때문에. 말의 속성이 아무리 경박하다 해도, 말끝에는 내면의 진실 한 조각은 물고 있어야 하나 봅니다.)

딴따라

처음 미국에 발을 내려놓은 곳이, 캘리포니아와 네바다를 거쳐 다다른 유타주 남쪽의 소도시 시더시티다. 거기서 반년을 머물다 뉴욕으로 이동했다.

학생 비자였지만 돈 한 푼 없이 갔던지라 랭귀지 스쿨을 등록만 해 놓고 바로 일을 해야 했다. 그로서리 가게에서 야채를 다듬다 좀 더 수입이 좋은 야간 캐셔로 옮겼다.

야간 캐셔에게 가장 큰 골칫덩어리는 좀도둑이다. 구역을 떠도는 도둑은 정해져 있다시피 했다. 그들에겐 캐셔가 바뀌는 때가 좋은 기회이다. 안면이 없으니 손님인 척 가게에 들러 구석진 곳에서 가방에 물건을 담아 몰래 빠져나간다.

야간에 일하는 사람이라 해 봤자 나와 잡일을 하는 멕시코 친구 둘뿐이다. 도둑을 일일이 잡아내기가 녹록지 않다.

내 별명이 킹이었다. 옆 가게의 인도 친구가 붙여 줬다.

사장이 내게 누차 하는 말이 "도둑은 잡으려 말고 그냥 쫓아내라"였다.

도둑은 덩치 좋은 흑인이 많았다. 걸려도 아시안을 우습게 보고 오히려 놀려 먹거나 맞붙어 대드는 경우도 흔했다. 도둑이 던진 병에 머리가 터져 20바늘이나 꿰맨 친구도 있다.

근데 나에게 걸려들면 얄짤없다. 캐셔 옆에 비치해 둔 야구 방망이부터 집어 들고 나간다. 대부분 위협용이지만 조금만 반항 끼라도 보이면 냅다 어깻죽지부터 한 방 갈기고 시작한다.
의외로 도둑들은 겁이 많아 대차게 나가면 바로 꼬리를 내린다.

난 키가 작아 자존심이 셌다. 도둑을 어설프게 쫓아내면 계속해서 찝쩍댄다. 그보다는 '이것들이 감히 사람을 어떻게 보고' 나를 무시하는 것 같아 참을 수 없었다.
사장은 도둑을 쫓아내라 했지만 난 끝까지 잡아내고 응징했다.

한번은 테이블까지 차지하고 앉아 푸짐하게 먹은 친구가 계산도 않고 태연히 가게를 나간다. 내가 부르자 줄행랑을 친다. 난 야구 방망이를 들고 고함을 지르며 바로 뒤쫓았다.

도로를 가로질러 뛰는 그를 낚아채 일단 목덜미 쪽에 한 방 먹였다. 새벽녘이라 도로엔 차가 별로 없었다.

덩치가 어마어마한 흑인이었다. 어설프게 했다간 내가 꼼짝없이 당할 판이다. 오른손에 야구 방망이를 들고 왼손은
"오, 노. 플리즈"를 연발하는 그의 허리춤을 잡고 일정한 간격을 유지한 채 가게로 끌고 들어왔다.

기어이 그는 먹은 음식값을 토해 내야 했다. 그가 떠나고 얼마 지나지 않아 경찰차 3대가 요란스레 사이렌을 울리며 가게 앞으로 달려온다. 그가 나한테 얻어터진 것을 신고한 것이다.

경찰은 내가 방망이로 그를 가격한 것을 추궁했지만 난 그가 음식을 먹고 돈을 지불하지 않은 채 도망쳐서, 잡아 와 계산을 치른 것뿐이라 우겨 댔다.

30분가량 경찰과 옥신각신했다.
'네가 때리는 것을 목격한 사람이 있다'
'그는 음식을 먹고 도망쳤고 나는 잡아 왔다. 그것이 전부다' 때린 것을 인정하면 싸울 의도가 없는 사람한테 내가 무기를 쓴 꼴이 되므로 끝까지 오리발을 내밀어야 했다.

경찰은 그에게 다가가 "네가 더 불리하니 그냥 가는 게 좋겠다" 말을 건네고 돌아갔다. 그는 나에게 권총을 발사하는 시늉을 하며 협박했지만 난 코웃음도 안 쳤다. 그 사건으로 난 킹이 되었다.

얼마 후 난 진짜 권총 강도를 당했다. 당할 뻔했다. 1993년 9월 23일 새벽 5시. 그 무렵. 플러싱에서다.
흑인 청년 6명이 가게를 들어온다. 한 명이 손바닥에 차지도 않는 조그만 은빛 권총을 들이댄다. 진짜로 난 그것이 가짜인 줄 알았다.

그깟 가짜에 기가 죽을 내가 아니다.
"퍽 *" 욕부터 지르고 "겟 아웃(꺼져)" 삿대질하며 목소리에 핏대를 올렸다.

총을 들이대면 먼저 돈통을 열어 주고, 손을 치켜들고 뒤돌아서는 게 일반적이다. 그렇게 교육받았다. 강도에 대비해 수시로 계산대의 돈은 빼서 다른 곳에 숨겨 놓는다.
나의 겁 없는 반응에 강도들이 오히려 당황해했다.

당시 조선족 아저씨와 함께 일을 했다. 지하실에서 야채를 다듬던 아저씨가 위층이 소란하자 야채 박스 채 들고 부리나케 올라왔다.

문득 내 눈에, 뒤에 있던 일행 중 한 명이 바지춤에서 진짜 권총을 꺼내 아저씨에게 겨누는 것이 들어온다. 아저씨는 바닥에 납작 엎드렸다. 나중에 안 것이지만 나에게 디민 은색 총도 진짜였다.

'난 이제 죽었구나.' 아저씨한테 총을 조준했던 자가 씩씩거리며 내게로 다가온다.

두려움이 몰려온다. 난 눈을 감았다. 강도에게 '네 얼굴을 기억한다'는 인상을 주지 않기 위해서다.

"테이크 이지(진정하시오)" 그러곤 양손을 들었다.

뉴욕은 9월이면 벌써 겨울 냄새가 난다. 그날은 소나기가 오락가락했다. 길거리 쪽으로 진열해 놓은 과일을 보호하기 위해 발을 쳐 놓았다. 강도가 든 것도 발 때문에 밖에서 안이 보이지 않았기 때문이다.

천행으로 그 순간 또 한줄기 소나기가 빗발쳤다. 가게 앞은 간이 시내버스 정류장이다. 그 시간이면 그리스 식당에서 야간 일을 마치고 퇴근하는 에콰도르 친구들이 맥주를 마시며 버스를 기다린다.

갑자기 소나기가 내리자 6-7명이 비를 피해 우르르 가게 안으로 몰려왔다. 순식간의 일이라 강도들도 더는 어쩌지 못하고 그대로 도망쳤다.

심장이 콩알만 하게 쪼그라들었던지 아저씨는 숨도 제대로 못 쉬었다. 알아듣지도 못할 말을 나에게 던지더니 흥분을 삭이지 못하고 사장에게 전화를 걸어 새벽잠을 깨운다.

"난 미스터 김과 도저히 같이 일을 못 하겠소. 아니 총을 들이미는 강도한테 대드는 사람이 어디 있소."

며칠 후 아래 블록의 중국 가게에서 야간 캐셔로 일하던 여자가 강도의 총에 생죽음 당했다. 그 일이 있고 나서 난 캐셔를 그만두고 식당에서 웨이터를 했다.

퀸즈 블러바드에 있는 한식당 '대*'. 연말이라 연회가 많았다. 예능인 협회였던가? 딴따라라 불러 대던, 술집에서 일하는 음악인 모임. 택시 기사 모임을 내가 서빙했다.

총무가 연말 결산 보고를 하는데 두 모임에서 공통되는 내용이 있었다. 기부다. 지출의 많은 부분을 기부가 차지했다.
학생에게 장학금 지급. 장애 단체 봉사 단체 불우 이웃 성금. 기부 내용과 금액을 발표하는데 난 충격 먹었다.

'딴따라가 기부를 한다고?' 평소 경시해 왔던 저들의 생각지도 못한 행동이 머리를 내리친다.

'아, 나보다 못한 사람은 없구나.' 태어나서 처음으로, 나도 모르게 저절로 고개가 수그러들었다.

난 생겨 먹기로 건방지기 짝이 없는 인간이었다. 시골이긴 해도 공부도 전교 수석이요, 내 잘남만 보고 살았다. 겸손은 아예 담쌓고 지냈다.

한 성깔 해서 뭐든 지고는 못 살았다. 반에서 가장 작은 키였지만 달리기. 축구 선수를 할 정도로 운동 신경이 남달랐다. 싸움도 어느 누구에게 뒤지지 않는다.

'남자 아이가', '깡도 없는 새끼가 왜 달고 다녀. 떼어 내' 비실거리는 놈에겐 야멸차게 굴었다. 보통의 범생이와는 거리가 있는 자기 색 강한 학생이었다.

용기의 정의를 바꾸어 준 딴따라 분들을 만나고, 내가 선방 날렸던 깡다구는 자신의 나약함을 감추는 속임수에 지나지 않음을 비로소 알게 됐다. 힘상궂은 그림으로 겁을 주지만 정작 제 겁을 숨기는 건달의 몸 문신처럼.

강한 척하지만 '너보다 못하다는 거 알아. 두려워. 그치만 인정하긴 싫어.' 꼴랑 자존심을 내세워 모자람을 덮는 사기술이다.

"도둑을 잡으려 말고 쫓아라"는 사장의 말도 그때서야 이해가 갔다. 도둑을 잡으려다 다치면 치료비가 든다. 가게 보험료도 인상되고, 골치 아프다.

그것을 피해 보겠다는 심사인 줄로만 알았는데, 거기엔 '내가 좀 지고 말지', '손해 보고 말지'라는 여유가 들어 있다. 조금 새더라도 빡빡한 것보단 헐렁한 게 낫다는 말이다.

내가 용기라고 착각했던, 지지 않겠다는 오기. 너를 누르고 말겠다는 투심은 권력 충동이 지피는 욕망이다. 권력 욕망은 물불 가리지 않고 덤비는, 아무렇지 않게 몽둥이를 후려치는 잔인함도 마다하지 않는다.

용기란 지친 눈동자가 무겁게 눌러도 따뜻한 시선을 거두지 않는 것. 강자에게 강한 건 욕망이다. 약자에게 약한 건 용기다. 딴따라 선생이 내게 전하는 말이다.

좀 더 일찍 알았다면 지금의 나는, 많이 다른 내가 되어 있을 거라 생각한다.

내가 조금이나마 수입을 떼어 기부한 것도 그때가 처음이다.

토끼와 거북이

토끼와 거북이가 달리기 경기를 한다.
짧고, 뭍에서 걷기에 적당하지 않은 다리를 지닌 거북이가 많고 많은 것 중에 왜 하필 달리기냐고 따지지 않는다. 피할 수 없는 경주도 있는 법이니까.

재빠른 토끼와 느림보 거북이가 경주를 하는 곳이 있다.
거북이는 왜 토끼에게 일방적으로 유리한 코스냐고 묻지 않는다. 도중에 강을 건너는 코스라도 있다면 자신에게 좋겠지만 불리하더라도 가야만 하는 길이 있으니까.

토기가 다리를 묶고 뛰어야 공정하고 평등한, 규칙 있는 경기라고 우기지 않는다. 규칙으로 제약할 수 없는 조건도 있다.

거북이는 근육질 다리, 날렵한 몸, 넓은 풀밭, 모든 것을 가진 토끼가 더 이상 시합에 나서서는 안 된다, 승리의 기회에서 배제시켜야 옳다 말하지 않는다. 욕망하지 않는 동물은 살아 있다 볼 수 없으므로.

앞서 뛰던 토끼가 풀밭에 누워 잠을 청한다. 지금쯤이면 거북이가 어디쯤 왔겠거니 측량하며 조마조마해 하지 않는다.

너그러운 패배. 토끼가 느긋이 잠을 자며 꾸는 꿈은 모두의 승리. 다 같이 누리는 만세의 기쁨이다. 거북이의 땀방울에 내리는 온당한 축복이다.

혹자는 토끼가 오만해서, 거북이를 우습게 여긴 나머지 경주에서 졌다 하지만 토끼의 너그러운 패배가 이루어 낸 아름다운 승리를 보지 못한 까닭이다.

거북이가 그 모든 불리한 여건에도 기를 쓰며 따지고 들지 않은 것은 몰라서도 어리석어서도 아니다. 토끼에 대한 신뢰가 있었기 때문이다.

거북이는 토끼를 깨우지 않고 달리기를 완수했다. 주어진 일을 끝내는 것. 지금 당장 해야 할 일을 미루지 않는 것이 슬쩍 눈을 감고 길을 비켜 주는 토끼에 대한 예의임을 알아서다.

자기가 진 것을 받아들이지 못하겠다는 듯, 깜짝 놀라는 토끼의 저 능청.
모닥불에 밤별 튀듯 따듯하다.

파출소에서 밤을

불가에 무명無明이라고 있다.
무명에 연해서 행동이 있고, 행위에 연해서 의식이 있으며 의식에 연해서 이름과 모양(명색)이 나타난다 한다.

무명은 빛, 밝음이 없다는 뜻으로, 무지를 이른다 한다. 생각해 보자. 무지라면 암흑 또는 어둠이 비유로써는 더 선명하게 와닿는다. 그런데 왜 무명일까?

질문을 바꾸어서 무지란 있는가? 어떻게 행동을 일으키는 준거가 무지란 말인가? 결과부터 말하자면, 무지-알지 못함이 행동을 끌고 가는 고삐일 수는 없다.

무지란 없다. 옳건 그르건, 행동의 축을 이루며 행위의 방향을 가리키는 길잡이라는 면에서 모든 앎은 '지知'이다. 앎은 옳다 그르다를 넘어 행위를 지시하는 경험이고 이해이며 논리다.

중세 서구에서 중심을 이루는 앎은 '천동'이다. 절대적으로 신봉

하는 성경의 핵심 축이 '태양을 비롯한 모든 별은 지구를 중심으로 돈다.'는 천동설이다.

교황의 권위도 우주의 중심인 지구를 발 딛고 있다는 점이 밑받침한다. 가장 크고 네모지고 편편한 지구를 중심으로 하여 얼굴만한 태양과 눈동자만한 조각 별이 돈다.

신이 창조했다는 그런 우주는 아직 발견된 적 없는, 지금은 설화 같은 황당한 이야기에 불과하지만 당시는 누구나 믿고 따르는 진실-지식이었다.

철학과 종교의 전제였고, 생활의 법칙이었으며, 윤리의 본보기였고, 학문과 예술의 기틀이고 부의 원천이며 뼈대였다. 맞건 틀리건 생활을 이끌어 가는 가치관 세계관으로서 앎이다. 무지란 없다. 무명이 있을 따름이다.

지금에 와서 전제 자체가 틀렸으니 그 시대 전부를 거짓이라거나, 무지의 발로에서 이루어 낸 성과물이므로 모두 폐기되어야 한다 할 수 없다.

어느 누구도 무지에 기대어 행동하지 않는다는 점에서 무지 또한 앎-지이다. 그렇다면 무명의 의미가 확연히 드러난다.

밝음이 없음. 명이되 빛이 없는 밝음. 빛이 없는 앎이 무명이다. '밝음이 없다'는 무지가 아닌 '내가 틀릴 수도 있음'을 가정하지 않는 태도. '진실은 이것이다'는 고집과 집착이다.

중고등학교를 울진 읍내에서 자취하며 보냈다. 입술 위로 꺼뭇꺼뭇 수염이 비칠 즈음, 달빛 짙은 밤이면 가끔 고향 친구들끼리 강변 어귀에 모여 소주에 새우깡 하나 놓고 잔을 깨작깨작하며 어른 흉내를 냈다.

뒤늦게 도착한 친구가 입맛 당기는 정보를 물고 왔다.
"요 가시나들이 지금 외간 놈들과 술 처먹고 있다니까" 가시나는 한 해 후배 고향 동리의 동생들이고 외간 놈은 타방의 남학생들이다.

'요것들 버르장머리를 틀어잡으리라' 우리는 소매를 걷어붙이고 주먹을 치켜올리며 현장으로 달려갔다.

한창 신명나게 몸을 흔들어 대는 놈들의 모가지를 끄집고 나와 으슥한 공터로 데리고 갔다. 한 놈씩 맡아 주먹세례를 놓는 틈틈이
"학생 놈이 공부는 안 하고 술판이여?" 훈계랍시고 너희들이 맞아야 하는 이유를 상기시켰다.

고향 동생들이 "오빠. 좀" 사정하고 말리고 했지만 그럴수록 주먹은 더 요란하고 발길질은 분주하다.

"오빠, 경찰 부를 거야." 한 녀석이 모가지를 빳빳하게 내밀고 앙칼지게 소리 지른다. 평소 인사성 밝고 생글생글 붙임성 좋은 녀석인데 영 딴 사람이 되어 앞을 막고 섰다.

"너 방금 뭐라 했어? 다시 말해 봐."
내가 몸을 휙 돌려 녀석 앞에 다가섰다.
"경찰 부른다고!"

"뭐 이딴 게 돌아다녀" 난 싸대기를 올려붙였다. 녀석이 물러서거나 울음을 터뜨리고 주저앉았다면 끝날 일이었으나, 지지 않고 바락바락 대들며 성질을 까스른다. 쌍코피 새도록 쥐어 터졌음은 물론이다.

내가 분노했던 것은 당연하다.
나도 모르게 머릿속엔 지역주의가 뿌리 깊게 자리하고 있었다.
이쁜 여자. 똑똑한 여자. 상냥한 여자 중 누굴 비서로 뽑겠는가? 답은 '고향 사람' 하듯,

'같은 고향 동생이니 무조건 고향 사람 편을 들어야 한다.'
이것이 분노를 일으킨, 완고한 지역주의가 만들어 낸 나의 '옳음'이다. 너는 내 옳음을 그르친, 맞아도 싼 못된 녀석이다.

그 사건으로 난생처음 파출소에 들어갔다. 녀석이 신고한 건 물론 아니다. 시끌벅적 소란스럽자 이웃이 나서 신고한 것이다.

돌이켜 보면 지역주의에 기반한 내 옳음은 황당하기 그지없는 어거지다. 녀석에겐, 저희들의 신명난 놀이를 훼방한 우리의 처사는 못마땅하고 이해되지 않는 횡포이며 질투이다. 옳음은 내 쪽에서의 옳음일 뿐이다.

녀석에게 설득되고, 조금이라도 용납될 만한 나의 주먹질은 애초에 없는 셈이다. 심정적으로 호소될 만한 부분이라면 '고향 사람' 꼴랑 그거 하나다. 근데 그게 뭐 어쨌다고?

내 옳음이 초래한 폭력으로 나는 범죄의 짐을 안고 파출소로 들어가야 했다. 찬찬히 들여다 보면 그 모든 행동의 뿌리는 '고향 사람'이라는 무명. 밝음 없는 앎이 불러온 어리석음이다.

제 앎의 그릇으로 행동의 부피가 드러나고, 몸이 부딪고 겪은 실천으로 옳음을 결정하고 강화한다. 옳음만큼의 분량으로 생활을 이루어 낸다. 이것이 무명에 연해서 행이 있음이요, 행동으로 사상(식)을 형성하며, 그 분별만큼 삶을 짓는 것이 명색이다.

사상이 생활을 밑그림으로 해서 뽑아 올린 물감이라는 데에 순결성과 원시성을 지닌다. '해 봤잖아' 그러니까 '옳다' 관념에 의지하지 않는 즉물적 현장성은 사상의 순결성이요.

하늘에 대보고 물빛에 비추어 보는 이성의 고뇌와 측량없이, 생각의 옹골참 없는 무조건적 맹목성은 사상의 원시성이다.

　사상이 생활의 실천에서 길어 올린 물감이라면 두 가지를 고려하지 않을 수 없다.

　그가 내세우는 옳음을 옳다 그르다 따지기에 앞서, 그 옳음의 바탕을 이루는 생활 형편은 어떠한가. 그 처지가 나와는 어떻게 다른가부터 살펴보는 아량이오.

　다른 하나는
'그러니 명색이 그 모양이지'
삶의 크기는 분별의 크기를 넘지 못한다. 조그만 분별에 얽매일수록 짓는 집은 초라하게 기운다. 살이가 못마땅하면 무엇을 고집하며 놓지 못하고 있는지 돌아보는 요량이다.

　무지는 없다. 무명도 없다. 생각 하나 되돌리면 무를 걷어 내고 명이다. 지금 보는 모양이 그 모양이 아닐 수 있음을 눈치채면 명이다.

　내가 짓는 집 모양과 크기는 생각 하나의 차이다. 관점이 바뀌면 경관은 달라지기 마련이다.

입춘

바로 아래 동생은 나와 두 살 터울이다. 급하고 다혈질인 나와는 성격이 완전 딴판이다. 내 동생이지만 참 착하다. 화내는 것을 못 봤을 정도로 온화한 마음씨에다 이해심 깊다. 차분하고 부지런하다.

그 동생이 한때 우울증으로 심하게 마음 병을 앓았다.
그럴 것이 형이 미국에서 인종 차별에다 권총 강도까지 당해 가며 어렵게 번 돈을 주식 사기로 하루아침에 홀라당 털어먹었으니 그 속이야 오죽하겠는가.

동생은 회사 다니며 틈틈이 주식을 했다. 운이 좋았던지 10여 년을 손해 없이 꾸준히 수익을 냈다. 자신감을 가질 만했다.

형의 돈을 불려 준답시고 몇 억을 모두 하나의 주식에 쏟아부었다. 하필 서브프라임 모기지 사태로 금융 위기 직전이었고, 태양광 발전 테마주를 작정하고 사기를 벌인 중소기업이었다.

회사 대표 이사는 우즈베키스탄 대통령과 찍은 사진을 올려놓고,

태양광 산업의 주원료로 쓰이는 규소 광산 개발권을 따냈다. 매장량이 엄청나다 홍보했지만 모두 거짓이었다.

3천 원 언저리에서 오르내리던 주가는 20배 가까이 폭등했다. 실체가 드러나며 가을바람이 낙엽 떨치듯 주가가 곤두박질치다가 결국 상장 폐지되었다. 난 한 푼도 건지지 못하고 속만 끓였다.

동생은 끊었던 담배를 하루에 몇 갑이나 피워 댔고 술 없이 하루를 넘기지 못했다. 아래 동생들에게 원망의 눈초리까지 받아야 했으니 제정신으로 있기가 힘들었다.

난 졸지에 빈털터리가 되었지만 한 번도 동생을 타박하지 않았다. 어쩔 도리 없어 과감히 털어 버렸지만 동생은 그러질 못했다. 마음 여린 동생이 얼마나 괴로워하며 머리카락을 쥐어짤지 안 봐도 뻔하다.

'동생 잘못이 아니다. 주식을 하기로 결정한 것도 내 욕심이다.' 보기가 딱해 이렇게 달래고 저렇게 위로해도 동생의 고초를 덜어 내지 못했다. 돈을 날린 것보다 그런 동생을 보는 게 더 마음 아프다.

나는, 상해를 끼치지 않았다면 강도보다 사기를 더 엄하게 벌해야 한다 생각한다. 강도는 순간의 일로 끝나나, 사기는 믿음의 관계 자산을 송두리째 짓밟고 조롱하며 지속적으로 괴롭힌다.

용서가 안 되는 것도 고통의 지속성 때문이다. 순간의 일은 우연적이어서 쉬 잊힌다. 그러나 작당하고 배반당한 믿음은 '내가 왜 그랬지' 자기모멸로 이어지고, 자기를 업신여김은 자기 파괴의 과녁으로 분노의 화살을 쏘아 댄다.

망가져야 하는, 자신을 고문하지 않으면 죄가 되는, 온전한 자신이 낯설고 못마땅한 지경까지 가면 자기 파괴는 '난 죽어도 싸' 병적 강박에 함몰된다. 우울증의 시작이다.

신뢰라는 사회 정서 자산이 무너지면 자신마저 믿지 못하고 '이게 맞나. 또 당하는 게 아냐?' 자기를 감시하는 데 온 에너지를 집중한다.
거짓이 참을 둘러싸고 미행하는, 정신병에 걸리지 않으면 이상할 정도로 피폐해진다.

자학의 철창에서 웅크리고 있던 동생은 병원에서 마음을 치료받기로 결정하며 차차 회복되었다.
그때가 성미 급하게 잔설을 뚫고 나온 꽃이 찬바람의 꽁무니를 희롱하던 입춘 무렵이다.

입춘의 한자는 立春이다. 맞이하는 봄, 入春이 아니라 일으켜 세우는 봄, 立春이다.

헐벗고 굶주림을 파고드는 한파가 매서울수록 가만히 앉아서 맞이하기엔 봄은 너무 가마득하다. 씨 뿌릴 곡식을 갈무리하며 내 손으로 봄을 들어 올려놓아야 한 해를 안도한다.

봄을 마련하고서 입춘에 달해, 비로소 한 살을 더 먹는 자격이 주어졌다. 땅을 이고 지고 사는 땅꾼들에겐 입춘이 새해의 시작이다.

주어지는 봄을 그저 들이기엔 미덥지 못했던지, 살을 찢는 동장군의 칼날에 맞서 기어이 봄을 일으켜 앞세우고 어두운 터널을 빠져나가려는 조상의 결기에 비애감이 스민다.

풀뿌리로 넘길지언정 봄을 일으켜서라도 가을을 보려는 사람들이 두려웠던 것은, 긴 겨울의 추위가 아니라 추위에 무릎 꿇는 자포자기의 무기력이었다. 入春이 아닌 立春이어야 하는 이유다. 모진 칼바람의 겨울을 버팅기자면 희망의 가림막을 일으켜 세우는 고난을 통과해야 한다.

죽음으로 몰아가는 것은 한파의 매서운 바람이 아니라 내가 나에게 쏘는 두 번째 화살이다.
용서하라. 세월의 처방으로 망각의 강을 건너기 전에는 말처럼 쉽지 않다. 그러나 가만히 앉아 세월을 기다리기엔 나의 봄바람은 너무 멀다.

돌이킬 수 없다면 버려야 한다.

용서는 너를 놓아주는 자애심이기보다 나를 놓아주는 자기 연민이다. 뼛속을 파고드는 세찬 바람을 가로지르는 가림막. 속절없이 무너져 내리는 무기력을 떠받는 맞바람이다.

추위가 따가울수록 봄을 높이 세우듯, 빗발치는 화살을 막아서는 용서는 그래서 아프다.

立春, 풀나무가 새순을 밀어 올리는 봄. 봄은 새순을 일으켜 세우는 자의 계절이다.

용기의 집

미국 국가의 마지막을 장식하는 것이 the land of the free and the home of the brave. 자유의 땅. 용기의 집이다. 정관사 the까지 붙여 일찌감치 신이 그들에게 점지해 준 바로 그곳인 양.

이 땅은 프런티어(개척)의 빛나는 정신으로 무장한, 자유와 생명의 찬란한 기치를 높이 세운 그들을 맞이할 의무가 있고, 여기에 제 집을 세우는 건 당연한 듯 외치지만, 땅의 주인 원주민을 학살하고 빼앗은 것임을 점잖게 둘러대는 변명에 불과하다.

맨해튼 95가에서 운영하던 피자 가게를 넘긴 돈을 몽땅 주식 사기로 날리고, 뉴욕에서의 생활도 종지부를 찍었다.

심기일전해서 딱히 무엇을 해 보겠다는 골똘함이거나, 새로운 용기의 집을 지을 요량으로써가 아니라, 마침 남쪽 지방에서 일하던 친구를 만나 따라나선 참이다. 16년 뉴욕 생활이 지겹기도 하고 콧구멍에 새 김을 불어넣고 싶기도 했다.

펜실베이니아, 버지니아, 노스캐롤라이나를 거쳐 사우스캐롤라이나에서 대관령의 곱절은 넘어 뵈는 애팔래치아 산맥을 넘어 조지아에 닿았다.

거기서 몇 달을 지내다 다시 흘러든 곳이 텍사스 휴스턴의 서북쪽에 위치한 F 미군 부대 인근의 조그만 소도시였다.

부대를 둘러싸고 있는 도시엔 으레 미군과 결혼해서 넘어온 한국 여자들이 많다. 군부대하면 쉽사리 양공주를 떠올린다.

그들은 자유를 갈망해서 곡괭이를 동여매고 배에 오른 빛나는 눈동자의 소유자가 아니다. 몸뚱이 뉠 방구석 하나, 발붙이고 뿌리내릴 땅뙈기 하나 얻지 못하고 등 떠밀려 온 자들이기 쉽다.

다들 그런 건 아님에도 불구하고 사실 여하를 떠나 바깥사람들이 그들을 훑어보는 시선은 대개 그 범주를 벗어나지 않는다.

따지고 보면, 자기를 혐오하고 죄악시하며 조상이 물려준 땅을 딛고 서는 것조차 눈치를 봐야 했던 그들의 잘못이라면, 동생을 공부시키고 부모가 몸 붙일 땅 한 자락이라도 장만하고자 한 몸부림이 전부다.

쥐 터래기만한 공순이의 월급으로는 어림없어서, 꾐에 빠져, 동무를 찾아, 수렁에 빠져든 가지각색이야 달라도 곤궁하고 비루한 처지를 넘어 보려는 발버둥은 매한가지이다.

'아들 가진 사람은 도둑 보고 욕 못 하고, 딸 키우는 사람은 창녀 보고 손가락질 못 한다' 하듯, 처지가 사람을 만든다. 장담하는 처지란 없다.

한때는 국가조차 달러를 벌어들이는, 산업 현장의 최일선에 우뚝 선 역군으로 추어올리며 그들을 진창의 구렁텅이에 주저앉히기를 마다않지 않았던가.

그들은 용기의 집은커녕 우선은 낳아 주고 길러 준 부모의 땅, 멸시의 땅을 벗어나는 게 일차적 목적으로 미군이라도 하나 잡아 미국 땅을 밟고자 했으리라.

많이들 미국에 들어와서 결혼을 이어 가지 못했다. 대개 얼마 못 가 이혼한다. 결혼의 훈장처럼 아이 한둘 달고 도시 귀퉁이의 자질구레한 허드렛일로 젖은 몸 부어 가며 하루를 건넌다.

'팔 병신이라도 한국말 하는 남자면 여자들이 다 잡아간다.' 미군부대 근방에서 일했던 자들의 경험담을 일찌감치 들어왔던 터라 그들이 얼마나 정에 굶주려 하는지 잘 안다.

그들은 홀몸이 되고서 재차 미국인과 결혼하는 경우는 드물다. 이러니저러니 해도 말없이도 통하고 눈빛만 봐도 알아채는 한국 남자는 손때 묻은 물건에 정을 못 놓듯 고물이건 신삥이건 가릴 처지가 안 되는 모양이다. 정이 붙었다 하면 간이고 쓸개고 다 빼 준다.

그것을 이용해서 뭔가 얻고자 찾아오는 외지 사람이 있다. 진즉에 이곳에 터 잡은 남자들은 아픔을 함께하는 동류의식으로 누구든 제 동생 누이 돌보듯 해서 그런 자들을 훑어 내고자 신경을 곤추세우고 경계한다. 경고하고 나서기를 마다하지 않는다.

외지 남자들은 노골적으로 드러내진 않더라도, 양공주라는 틈을 잡고 접근한다. 자기는 너와 같지 않은 몸이라는 도덕적 우월이란 아무 돌 틈이나 메꾼 흙에 불과하고, 무엇보다 궁지에 몰리면 '양공주 주제에 어디서' 빠져나갈 구실로 들이대기에 그만한 것이 없다 여겨서다. 망설임 없이 상대방의 가장 아픈 곳을 찔러 댄다.

괄시 가득 펜 꼬챙이가 할퀸 상처가 헐어 살 거죽이 문드러져도 그들은 고향으로 실어다 줄 밤 기차를 기다리며 '어디' 하고 허기로운 가슴 한 켠을 채울 정 한 죽지를 넘본다.

한번은 식당 뒤뜰에서 여사장과 사적인 이야기가 오가는 중에 '육 사 년 용띠요' 했더니 '나랑 갑자네' 마실 나와 사장 옆에 붙어서 같이 마늘을 까던 동네 여자가 혼잣말로 끼어든다.

"반갑다. 친구야" 난 대뜸 손을 내밀었다.

흔히 마주치지 못하던, 호기롭고 이물 없이 다가오는 외지인이 낯설거나, 친구라는 말의 어감이 잘 씹히지 않던지, 그녀는 세파에 각진 두꺼운 손을 놓고 멀뚱히 나를 바라보다 뒤늦게 생긋이 웃는다.

그 후로 나를 보는 그녀의 첫인사는 "친구 뭐해?"였고, 난 늘상 하던 대로 "반갑다, 친구야" 맞장구를 놓았다.
동갑이라서, 뜻이 맞아서, 목적이 같아서, 처지가 비슷해서, 그냥 좋아서, 친구가 되는 이유는 여럿이나 역시 가장 좋은 것은 '옆에 있어서'이다.

불이 나면 제일 먼저 문을 두드리고, 이불을 받고 '뛰어내려' 용기를 북돋는 것. 넘어진 아이를 일으키는 것. 난리라도 만나면 마실 물부터 내밀고 마음을 토닥이는 것도 옆에 있어서 가능하다. 잘나나 못나나 옆에 사람이 있다는 건 큰 복이다.

열셋, 열하나, 아들딸 하나씩 옆구리에 끼고, 모질고 거센 파도를 넘어지고 일어나고 미끄러지고 엎어지고 하면서도 끈덕지게 몸을 끌고 가는 친구가 보기 좋다.

친구가 짓는 최고의 용기의 집은 살이, 살아감으로 생심줄 돋는 몸뚱이 그것이다.

못 하나

국민학교 6학년 때,
풍선껌 한 통을 사면 안에 조그만 만화 책자가 들어 있었다. 만화를 접하기 힘든 시골 촌놈에겐 아주 재미나고 유익했다. 철사로 꿰서 두름으로 엮어 두고두고 읽었다.

지금도 잊히지 않는 것 중의 하나가 '못 하나'이다.

한 선비가 우직한 머슴에게 말고삐를 들려 한양에 과거를 보러 간다. 한참을 걷던 머슴이 걸음을 멈추고 땅바닥을 더듬는다.

"갈 길 먼데 어찌 말을 세우느냐?"
"도련님, 말굽 못 하나가 빠졌습니다요."
"그깟 못 하나 때문에 시간을 늦춘단 말이냐. 어서 가자꾸나."
선비의 다그침에 머슴은 하는 수 없이 말을 몰았다.

조금 더 가다 못 하나가 또 빠진 것을 발견하고 머슴은 말을 세웠다. 주위를 두리번거리며 못을 찾는데 주인이 재차 역정이다.

머슴은 주인의 성화에 못 이겨 그대로 말을 몰았다.

얼마 가지 못해 흔들거리던 말편자가 빠져 달아났다.
"도련님, 아무래도 대장간에 들러 편자를 박고 가야 됩니다."
"별거 아니다. 한양 가서 해도 될 일을 요란 떠느냐? 어서 가자."
선비의 호통이 못마땅했지만 머슴은 어쩔 수 없었다.

그렇게 맨 굽으로 가다 말굽이 닳아 피가 났고 급기야 다리가 부러져 말은 주저앉고 만다.
한양에 당도하지 못한 선비는 결국 과거를 치르지 못했다는 이야기다.

강릉 펜션. 보일러 연통 접촉 불량으로 일산화탄소가 새어 나와 여러 학생이 죽었다는 보도를 접하고 퍼뜩 든 생각이
'내가 못 하나이구나'였다.

잘못 친 못 하나가 내게서 끝나는 것이 아니라 다른 사람의 목숨을 좌지우지한다. 못 하나가 인생이고 역사다. 완성이고 전체다.
너로 떨어진 남이 아니라, 내 목숨을 괴는, 못 하나를 쥐고 있는 나의 일부라는 사실.
우린 서로 생명을 괴는 못 하나라는 사실. 부정할 수 없는 사실.

광주에서

광주의 조그만 암자에서 기식하던 때이다.

깊은 산속은 아니지만 제법 인가에서 떨어져, 낮엔 산새가 친구가 되어 주고 밤이면 노루가 목을 축이러 계곡을 내려온다.

아침 밥상을 물리고 호젓이 책을 펴고 앉았는데 웅성웅성하는 인기척이 들린다. 사람 보기가 드문 곳이라 어쩐 일인가 창을 열고 밖을 내다보았다. 한 무리의 사람이 성묘를 왔다.

'오늘이 설날이구나'
제 고향 울진에선 추석에나 하지 설엔 성묘를 하지 않는다. 산새가 높고 폭설이 잦아 겨울 산을 오르기 어렵기 때문이다.

처음 보는 설 성묘인지라 새롭고 낯설어서 쭉 지켜보았다. 언덕길 한쪽으로 묘가 쌍을 이루어 아침 햇살을 받는 한편에는 녹지 않은 눈이 흩어져 있다.

어른 아이 섞여 돗자리를 펴고 과일이며 떡을 진설하던 중, 젊은 처자와 어머니인 듯한 중년 여인이 몇 마디 말을 나누더니 곧장 절 쪽으로 걸음을 재촉한다.

길 옆 산소라 빼딱구두의 멋을 포기하지 않은 아가씨다운 발랄함이 금세 어지러운 발걸음으로 휘청거린다. 발목이 휘어지도록 내달리는 품새로 보아 갑자기 설사를 만난 게 뻔하다.

내가 미리 밖을 나가 친절을 베풀어야 할 지경이었다. 신을 신고 막 나서려는 참인데 그새 두 여인이 코앞에 다다랐다.
"저, 화장실 좀……."

처자가 얼굴색이 하얗게 질려 묻는다. 속사포로 터져 나오는 말이나 비트는 몸의 떨림을 보면 얼마나 급한지 알 만하다. 나는 집게손가락을 꼿꼿이 세워 들고 있는 힘껏 목소리를 불어넣어
"노"하고 외쳤다.

아가씨보다 옆의 어머니가 더 놀랐는지 눈을 동그랗게 올려 뜨고 입을 다물지 못한 채 '뭐 이런 인간이 다 있나' 나를 멍하니 바라본다. 순간 아가씨는 금방이라도 무너져 내릴 듯 아, 가느다란 탄식이 흘러나온다.

나는 그들 앞으로 내민 집게손가락을 부드럽게 옆으로 흔들며
"프라블럼" 미소를 머금어 보였다.

그제서야 "노 프라블럼"을 알아들은 아가씨. 죽었다 살아난 듯 안도의 미소가 포근하게 번진다. 세상을 다 가진 얼굴로 내 집게손가락이 가리키는 곳으로 직행이다.

천당과 지옥은 저 하늘 끝 어딘가에 있는, 죽어서 가는 곳이 아니다. 지금 여기, '노'와 '프라블럼' 사이의 간격이 지옥이고 천당이다.
순간 지옥으로 떨어졌다 천당을 오른 아가씨. 제 장난기를 용서해 주실 거죠?

천자암에서

여수에 잠시 거처할 때,
외곽 도로의 큰 사거리에서 교통사고를 당했다. 초행이고 해서 조심조심 운전하는데도 교차로가 워낙 길고 밤길인지라 파란 신호를 받아 가면서도 불안했다.

아닌 게 아니라 신호를 무시하고 달려드는 승용차와 부딪치고 말았다. 차 앞쪽이 처참하게 부서졌는데 양쪽 모두 크게 다친 사람은 없다. 저쪽이나 내가 조금만 더 빨랐다면 대형 사고로 이어질 뻔했다.

"내가 잘못한 건 맞는데요. 아저씨도 그렇게 달리는 게 아니에요."
사고를 낸, 30대로 보이는 젊은 사내가 내게 한 말이다.
"……" 참, 할 말을 잃었다.

마음도 산란하고 해서 아는 분의 소개로 순천 조계산, 800년은 족히 넘어 보이는 쌍향수로 유명한 천자암에서 얼마간 기식하기로 했다.

90 넘은 활안 스님이 조실로 터줏대감마냥 지키는 절이다. 노구를 이끌고 스님이 직접 새벽 예불을 집전한다.

하루는 키가 땅딸막한 스님 한 분이 천자암을 찾았다. 빨간 가사를 수하고 법당에 들어서는데,
"태고종이 여긴 왜 왔어?" 노스님이 툭하니 쏘아붙였다. 객스님은 종단이 달랐다.

태고종 스님도 아니고 '태고종이 왜 왔냐' 대놓고 타박이다. 태고종 정도로는 스님 대우하지 않겠다는 무시이거나, 빨간 가사가 새삼스러웠거나이다.

"아니 부처가 조계종 부처가 따로 있고 태고종 부처가 따로 있습니까? 어디 조계종 부처 면상이나 봅시다. 조계종 부처는 다리가 이마에 달리기라도 했소?" 젊은 스님의 언짢은 기색이 역력하다.

"허허허" 본디 잘 웃지 않는 스님으로 유명한데 한 방 먹었다 생각되어서인지 노스님이 웃음으로 받아넘긴다.

"분명히 빈손인데 그 안에 호미를 쥐고 있구나. 무슨 말인지 알겠는고?" 노스님이 화두를 던진다.

"모르겠습니다." 객스님이 답했다. 연로하신 스님의 목소리는 기

력이 얇고 허기져서 말귀를 알아듣기 어려웠거나, 화두의 뜻을 모른다는 두 가지를 다 포함하는 듯했다.

"몰라? 그럼 해인사 가서 한 10년 장판 때 묻히고 오너라."
"예. 그래도 잠은 재워 주실 거죠."

저녁 공양을 마치고 차담이 이어진다.
"어디서 왔는고?" 노스님이 물었다.
"예, 선암사에서 왔습니다."
"그거 말고 온 곳이 어디야?"
"모르겠습니다."

내 귀에는 무시무종. 시작도 없고 끝도 없는데 오고 가는 곳인들 정해져 있겠는가. 알 도리가 있겠는가 하는 소리로 들린다.

"도대체 아는 게 무엇인고? 아는 게 있으면 말해 봐."
"이제 겨우 제 이름자 정도는 씁니다."

젊은 스님이 보통은 넘어 보였다. 말을 새겨 보자면, 이제 홀로 설 정도는 되었다는 뜻이리라.

"해인사 가서 한 10년은 썩고 오너라."
"스님, 눈이 살자면 눈을 감아야 합니까. 떠야 합니까?" 객스님이 노스님의 법명-활안活眼(살아 있는 눈)을 빗대어 화두를 던진다.

"눈은 떠도 살고 감아도 살지."
"저는 눈이 살자면 눈이 죽어야 하는지 알았지요."
역시 보통이 아니다. 제대로 보려거든 내 눈, 선입견부터 뽑아야 한다는 말이리라.

"이놈아, 눈이 어디 있다고 그러느냐? 니놈은 아직도 눈을 달고 다니느냐. 눈알부터 빼내고 오너라."
"스님은 제 눈이 보이십니까?"

'진즉에 편견을 버렸거늘 스님 눈엔 아직도 제 그릇이 못마땅해 보입니까?' 하는 젊은 스님의 자신감이다. 아, 만만치가 않다.

"너 가지 말고 나랑 살자." 노스님이 말했다.
객 스님이 빙긋이 웃는다.
나로서도 많은 가르침을 받은 하루였다.

얼마 전 큰 스님께서 열반에 드셨다는 소식을 들었다. 90 노구에 빼빼 마른 몸을 하고서도 흐트러짐 없이 꼿꼿하던 스님이 눈에 선하다.

노래하는 새

  옛적, 민방위 교육인가 무슨 행사에서 비디오로 어느 교수의 강의를 듣는데
  "서양인들은 새가 노래한다 표현하고, 한국인은 새가 운다 한다. 서양 사람은 사물을 긍정적으로 보나 한국인은 부정적으로 본다."며 우리가 고쳐야 할 점이 '부정적인 세계관' 어쩌고 한 기억이 난다.

  그땐 별생각 없이 그런가? 했는데 생각해 볼수록 말 같지도 않은 말장난이다. 짐 진 고통이 아파 우는 것이 부정적인가? 슬퍼 우는 것은 긍정적이지 않은가? 슬플 때 웃으면 정신 나간, 오히려 부정적인 인간이다.

  삶 그곳에서 구한 배움이 아닌, 알량한 머릿속을 뒤적거려 얻어낸 지식이란 이렇듯 공허하고 빈약하기 짝이 없다.

  자연이나 사물에 감정을 옮겨 드러내는 것이 사람의 마음이고 보면 '새가 운다'는 정서에 녹아 있는 억압받고 수탈당하는 민중의 사회상. 사또의 포악질에 감히 나서지도 못하고 하소연할 곳조차 없이

말을 닫고 눈물지을 수밖에 없었던 그들의 한.

새 지저귐에서 한 자락 노랫가락의 흥취마저 빼앗겨야 했던 궁벽한 살이는 어디서 온 것인지, 새 지저귀는 소리에 벌거벗은 탄식을 실어 보내던 그 피눈물이 어떠한지 헤아리는 게 학문하는 자의 자세다.

"내가 왜, 20년 동안 교도소에 있었어야 할 이유는 대체 뭘까?"
"왜 내가 하지도 않은 일 때문에 이러고 있는 걸까?"
"왜 하필 나일까?"

KBS 다큐 인사이트에서 윤 성여 선생이 남긴 말이다.
화성 연쇄 살인 사건 중 8차 사건의 범인으로 몰려 20년 동안 옥살이를 한 사람이다. 가석방되어 유령처럼 지내다가 재심을 거쳐 무죄 판결을 받고 강간 살인의 무거운 철갑을 내려놓게 된다.

내가 깜짝 놀란 건 윤 선생이 소아마비라는 사실이었다.
당시 8차 사건이 연쇄 살인을 흉내 낸 모방 범죄라는 경찰의 브리핑에 비추어 보면, '이것이야말로 완벽한 조작이었구나'를 확인시켜 주는 사건이다.

범인은 범죄를 저지르기 전에 빠져나갈 구멍, 퇴로부터 모색한다. 들키거나 실패를 가정해서, 예상치 못한 상황에 부딪친 경우에 대비해, 범죄자의 자기방어 기술이랄까, 도망갈 방도를 미리 그려 놓는다. 범인은 발각되더라도 잡히는 것만은 용납 않는다.

  한두 번도 아니고 7회나 강간 살인이 이어져 온 무시무시한 땅에서 모방 범죄라니? 모든 것을 뒤집어쓰는 모험을 강행한 자가 더구나 소아마비 장애인이라니?

  신체 장애가 있는 사람은 어릴 때부터 자기 한계에 익숙하고 학습하고 확인하며 자란다. 한계를 벗고자 불가능의 도전도 마다않고 덤비는 사람이 없는 건 아니다.

  그렇더라도 도전은 한계의 인정에서 출발하므로 도전 가능의 구체적 설계 또한 제한적 범위임을 잘 안다.
  한쪽 다리가 없는 자가 의족을 차고 달리기 선수에 도전할 수 있다. 그렇지만 일반 선수의 기록을 넘겠다고 억지를 부리진 않는다.

  '난 한쪽 다리가 없으니 잘 뛸 수 없어', '팔을 못 쓰니 싸우면 이기지 못해', '난 이래서 이건 안 돼' 평소 자신의 한계부터 미리 그어서 되는 것보다 안 되는 것부터 우선 추려내는 습관에 젖기 쉬운 사람이,

  자기방어조차 불가하고 퇴로를 마련할 길 없는 소아마비인 사람이 어떻게 담을 넘을 생각을 하며, 버젓이 집 안으로 쳐들어가 강간 살해할 마음을 품겠는가?
  들키면 아무런 대책 없음을 알기에 그들은 좀도둑조차 되지 못한다.

그를 치죄한 경찰은 물론이거니와, 참으로 잔인하다 말할 밖에 없는, 그의 죄를 가리고 징치한 검사와 판사가 이것을 몰랐을까? 아니다. 누구보다 잘 아는 자들이다.

"왜 하필 나일까?"
소아마비 장애. 초등학교 중퇴. 조실부모. 가난. 윤 선생이 몰랐다면 몰랐던 답이 여기에 있는지도 모른다. 위 사실은 윤 선생이 직면하고 있는, 헤쳐 나가는 삶의 현장에 불과하다.

그런데 약삭빠른 누구에겐 그것이 생을 도둑질하기에 좋은 재료임을. 한 사람의 생을 토막 쳐 잘라 내어 승진, 명예, 돈, 권력, 출세의 생을 불리는 데 끼워 넣기 좋은 요긴한 물건임을.

때리고 잠을 안 재우고 콧구멍에 고춧가루를 쑤셔 넣어서라도 기어이 남의 생을 토막 쳐 빼앗아 간다.

그가 도둑맞은 생이 20대의 빛나는 청춘만이 아니다. 어여쁜 각시가 챙겨 주는 따뜻한 아침 밥. 돌 지난 아기의 분홍빛 옹알이. 아빠 힘내세요 우리가 있잖아요, 목을 감고 안기는 딸아이의 재롱. 다 컸다고 아빠에게 팔씨름하자 덤비는 녀석의 살 오른 팔뚝. "한잔 하세" 방문을 두드리는 친구.

몸 뉘인 곳이 바깥에 나온 건지 바깥에서 들어온 건지 알지 못하는, 처마를 잃고 비 맞는 생. 무엇보다 떡 한 쪽 나눌 이웃을 약탈당하고, "왜 왔어?" 세 한 칸 얻지 못해 짐을 안으로 들이지 못하고 한데 두어야 하는 밖들이 생. 끼어들어 궁둥이 한쪽이라도 붙일 틈조차 없는 외날 생.

스스로 문을 열고 나가 본 적 없는, 누가 열어 주는 문으로만 나가는 문밖에 세워 둔 생.

새가 운다. 아파서
새가 운다. 슬퍼서
새가 운다. 분해서
새가 운다. 억울해서

새는 울지 않는다. 왜 내가 하지도 않은 일 때문에 이러고 있는 걸까? 도무지 그 연유를 알 길 없는 새는 문밖에서 부러진 날갯죽지를 끌고 울음마저 삼키며 서 있다.

새가 노래한다.
단 한 사람만이라도 내 곁에서 삶의 희망을 말해 주는 사람이 있다면 어떤 시련도 견딜 만하다고.

한 사람일지언정 눈물을 닦아 주는 이 있다면 새는,
울음 삼킨 부리를 하늘 위로 쳐들고 노래를 한다.
'짹짹 쉬리릭'

정치적 동물

 사람을 정치적 동물이라 합니다.
 삶의 방향을 결정하고, 욕구 실현의 수단으로 행정 기술을 촉구하며, 사회적 가치를 배분하고 창출하는 일에 참여하고, 미래 비전을 공유하고 설계하기 위해 우린 정치적 요구를 하고 정책을 선택합니다. 모든 요구는 정치적 행위라 해도 과언이 아닙니다.

 정치 이론을 말하려는 게 아닙니다. 정치적 선택과 결정에서 어떻게 이성에 의해 감정이 조율되고 극복되는지, 제 경험을 이야기하고자 합니다.

 (15대 대선은 제가 미국에 있어서 투표를 할 순 없었지만, 몇몇이 모인 토론은 아주 격렬했습니다. 아래는 제 주장입니다.)

 나는 김 대중 씨를 아주 싫어한다.
 지난 대선 때 평민당을 만들어 민주화 세력을 쪼개지만 않았다면
  지역 통합을 넘어 민주화 세력이 정치 전면에 등장하는, 새롭게 역사를 이끄는 시대의 주인공으로서 자리매김이 가능했다.

결국 평민당으로 분가하면서 김 대중 씨는 정치적 욕심에 눈먼 옹생원, 정치 지도자에서 정치꾼으로 스스로를 추락시켰다.

이익 쫓기를 거부하며 민주라는 대의에 충실하던, 민주화 세대로 통칭되는 양심 세력이 지역주의라는 망국적 정치 모함을 깨뜨리고, 가치의 깃발 아래 하나로 뭉치는 기회를 모조리 날렸다.

비틀어지고 이지러진 정치적 감정. 배신자라는 정치적 앙금은 가치 세력을 다시 지역주의로 환원시키고 말았다. 정치적 지역주의라는 검은 소굴로 발길질하고 말았다.

권력을 재차 군사 정권의 아가리에 털어 넣고만 절망감. 김 대중 씨에 대한 배신감은 정치적 불신을 넘어 정치적 회의 염증을 불러오고 정치적 비관은 '한국인은 모래라서 합쳐질 수 없다'는 패배감과 자기 비하를, 다시 지역주의로 발길을 돌리도록 만든다.

정치 수혜자였던 경상도가 피해자 전라도를 포용하는 감정적 여유를 도려내 버렸다. 이전의 지역주의가 기득권 세력이 꾸며 낸 정치 술수, 정치 기교였다면, 이젠 돌이키기 힘든 심정적 질서로 재편된 것이다. 아무런 이유도 없이 무조건적인 터부.

오늘날 경상도의 무조건적인 새누리당 지지를 만들어 낸 것은 민주 세력을 쪼개 버린 김 대중 씨와 그 수족들의 어리석음 때문이다.

그들은 한국 정치 역사에서 가장 아픈 그늘을 만들어 냈다.

김 대중 씨가 대통령에 당선되고 또 성공한 대통령이 된다고 해도 나로서는 결코 위대한 대통령이 될 수 없는 원죄가 여기에 있다.

그러나 이번 대선에서 난 김 대중 씨가 반드시 당선되기를 열망하고 응원한다. 국가를 위해 몸 바친 진정성을 믿으며 그가 이룩할 새 역사에 대한 희망이 있다.

그의 용기와 과단성은 기회를 부여받아도 좋을 만큼 증명되었고, 핍박받았던 생애는 역사성을 담보하는 이정표이다.

흩어 버린 민주화 세력을 가치 공유의 장으로, 붕괴된 시민 사회를 제자리에 올려놓아야 하는 책무가 그에게 있다. 그들이 가능성의 지평선에 올라서는, 정치적 신뢰를 회복하고 망가진 자존심을 돌려받도록 해야 한다.
대의에 앞장선 그들이 역사에서 동력을 잃지 않도록 힘을 불어넣어야 한다.

물은 고이면 썩고, 시소는 움직이지 않으면 평형을 잃는다.
민족이 죽느냐 사느냐, 절박한 생존 문제 앞에서 정치적 주판알이나 굴리며 집권의 도구로 사용하는, 분단에서 천박한 정치적 낭만이나 구하는 집단을 증오한다.

친일 민족 반역자와 그 후손들이 정치 세력을 일구고 떵떵거리며 영화를 구가하는 짓거리는 눈깔 시려 못 보겠다.

통일은 선택의 문제, 순위의 문제일 수 없다. 민족 최대의 과제이며 언제나 지금 현재이다.

정치가 실험일 수는 없으나 실마리로써 시작점을 마련해야 한다. 김 대중 씨의 햇볕 정책을 지지한다. 남북 문제를 정치적 셈법이 아닌 핏줄과 역사의 순진함. 민족이라는 대의에 진실해지는 실마리이기를.

분단은 강대국의 정치 지형에 놓인 좋은 핑계거리이자 먹거리다. 우리 의지와 상관없이 전쟁의 불씨로 기름통 앞에 놓여 있다.
조그만 이익만 쫓다가 가뭄 때 비를 구하고, 알곡을 거둘 때 빛을 얻어 내던 하늘마저 잃어버리는 어리석음을 범하지 말자.

국가의 이해관계란 밤하늘의 별처럼 알 수 없어 어디서 별똥별이 떨어질지 모른다. 일본이 한국에 대한 침략 야욕을 노골화함으로써 중국을 자극하고, 중국의 북한에 대한 지배력을 부추겨 분단을 전략화하는 도구로 미친개마냥 끈덕지게 독도를 물고 늘어지듯이.

나는 김 대중 씨를 싫어한다. 그러나 싫어함이 선택의 기준으로 작동하는, 감정의 검은 명령이 나를 휘두르도록 용납하기는 더 싫다.

감정에 잡힌 맹목적 인간. 막무가내로 감정이 이성을 겁탈하도록 내버려 둔다면, 훗날 누군가가 "그때 당신은 어디에 있었나?" 물을 때 나는 또 변명거리를 찾아 자신을 기만하도록 허락해야 할 테니까.

이성의 겁탈은 미래의 겁탈이다. 감정을 틀어쥐어야 한다.
우리가 남이가. 당장의 이익을 앞세우는, 권력이 힘을 과시하는 채찍을 쥔 자. 대놓고 "채찍을 쥐는 쪽에 붙어라" 말하는 염치없는 자들을 지켜만 보고 싶지는 않다.

당장의 달콤함이 배부를지 모르나, 가치가 실종된 배부름은 주인에게 먹이만 보채는 돼지에 불과하다. 무엇보다 개쌍도, 경상도를 향해 내갈기는 가래침이 분노를 넘어, 민족을 좀먹는 정치 이데올로기로 굳을까 두렵다.

나는 김 대중 씨를 싫어한다.
그러나 김 대중 씨가 대통령에 당선되기를 기도한다.

얼핏 논리가 그럴듯해 보이는 것 같아도, 돌이켜 보면 다른 쪽에서 감정이 넘쳤음을 인정합니다.

나의 옳음만 고집하면 상대는 동반자에서 떨어져 나가 적이 됩니다. 옳음이 또 다른 혐오일 뿐이지요. 혐오로 하나 된 집단에게서 소통을 기대할 순 없습니다,

대화 방식의 차이로 소통이 오염되는 것이 아닙니다. 대화 상대로 인정하지 않는 적개심이 소통을 오염시킵니다. 갈등 안에서 눈길을 모으지 않고, 다른 대결 구도를 만들어 거기에 덮씌우는 비겁함이 소통을 오염시킵니다.

예전엔 지역 갈등, 이념 갈등이 주된 모순이었습니다. 지금은 그기에 더해 남녀, 세대를 쪼개고 대결을 부추깁니다.
양극화 부조리, 비정규직 해소, 주거권 등 정당한 사회적 요구가 반공정 같은 그럴듯한 이데올로기로 포장되어 배척되도록 조장합니다.

오염된 권리와 주장이 소통을 오염시킵니다. 네 권리가 내 기회를 빼앗는 것으로 계산됩니다.

권리란 한쪽이 올라가면 다른 쪽이 내려가는 시소가 아닙니다. 먼저 보는 자가 집어 가면 되는 선점물이 아닙니다. 주고받는 재화가 아닙니다.

권리는 벼랑에서 밀어내기 경기가 아닙니다. 벼랑에 매달린 사람에게 밧줄을 내리도록 하는 게 권리입니다.

감정을 배설하는 배수구를 정해 주고 그쪽으로 미움을 쏟아 내라 다그치며 표를 계산하는, 증오를 무기로 쓰는 자를 봅니다.

'된장녀' 전철에서 강아지가 싼 똥을 나 몰라라 하는, 성숙하지 못한 사회적 행동에 대한 꾸지람입니다. 된장이 말하듯 문화 공동체로서 우리들의 부족한 공공 의식을 돌아보자는, 반성과 성찰입니다.

거기서 잘못된 행위는 쏙 빼고 여성만 콕 찍어 남성과 싸움을 부추깁니다. 고약하게도 젠더를 가져와 적을 대하듯 남성 혐오를 부추기며 뭔가 있어 보이는 척 둘러대지만 말장난에 불과합니다. 넉넉함을 잃고 빡빡해지면 나를 채우는 건 미움뿐입니다.

너를 바보로 만든다고 내가 높이 되는 것도, 네가 높이 된다고 내가 바보가 되는 것도 아닙니다.
이성이 눈뜨지 않으면 악마를 가리키는 제 손가락만 보게 됩니다.

눈물 1

누구의 얼굴에나 몇 뼘 정도의 눈물 자욱이 붙어 있게 마련이다. 울지 않는다고 어찌 눈물이 없겠는가?

퇴근길. 새벽 5시부터 시작된 일과를 마치고 오후 6시, 플러싱으로 가는 7번 전철에 몸을 던졌다. 전철은 허드슨 강 밑을 물뱀처럼 빠져나온다. 여기서부터는 땅 아래를 들어가지 않는다.

이 구간을 수없이 오르내리지만 적응이 잘 안된다. 물기 없는 땅 위를 갑자기 튕겨져 올라온 지렁이같이 낯설다.

아마도 햇볕 때문이겠다. 뒷일을 본 뒤 바지춤도 미처 올리지 못하고 궁둥이를 깐 채 허겁지겁 산을 넘는 일몰의 해 탓이리라. 하루 중 처음 보는 해인데 만나자마자 불콰해진 얼굴로 도망가기 바쁘다.

내 앞에는 오늘도 한 남자가 울고 있다. 40대 중반의 앞머리가 중간쯤 밀고 올라간 파란 눈의 사내다.

셀룰러폰을 구겨 잡고 눈물을 아무렇게나 내팽개친다. 후줄근히 떨어지는 태양 한 줄기를 정면으로 안고 아무도 아랑곳없이 엉엉 소리 내어 운다.

햇살에 버림받은 지렁이처럼 맥을 놓고 운다.

아직 저 나이면 생 한 귀퉁이가 헐어 떨어져 나갈 정도는 아니지 싶은데, 깊이 팬 눈물은 아마도 아이 때문일 게다. 심하게 다쳤을까? 끝내 병마를 이기지 못한 걸까?

뭐니 해도 가장 아픈 건 사랑이다.
저 투명한 영혼을 쏟는 건 슬픔이 아니다. 사랑이 아니고선 영혼은 유리알처럼 고운 눈물을 맺지 않는다. 영혼을 찢고 새어 나오는 눈물은 사랑이다.

눈물이 마르기도 전에 다시 생채기 그으며 삶을 뜯어 가겠지만, 눈물에 굳은살이 박이고 영혼에 옹이가 지면서 사랑도 아물어 가리라. 그렇더라도 사랑은 흉터의 얼룩으로 여전히 아프다.

사랑은 오늘도 아프다.

눈물 2

단팥빵 89칼로리. 곰보빵 115칼로리. 사이에 크림이 묻어 있는 4겹 샌드위치 빵 145칼로리.

입맛에 맞진 않지만 또 샌드위치 빵을 골랐다. 맛이야 단팥빵이 제일이나 지금은 입의 형편을 맞춰 주기엔 배가 말이 아니다.

김이 모락모락 피어오르는 호빵은 굴뚝 같지만 등에 붙은 뱃가죽을 떼어 내기엔 한입거리도 안 된다. 하루 600백 원, 100원짜리 빵 6개가 끼니를 채워야 하는 몫이다. 주린 배한테 염치라도 있자면 열량이 쬐끔이라도 더 높은 것으로 대접해 주어야 한다.

매일 빵 6개로 세 끼를 넘기려니 배가 너무 고팠다. 밥 한 그릇이 하느님보다 커 보인다. 휴게실에서 사람들이 먹다 남긴 불어 터진 라면 한 가닥이 그렇게 굵어 보일 수 없다.

사실 600원이면 라면 6개 값이다. 비록 밥은 아니더라도 세 끼를 충분히 배 불릴 수 있지만, 매일 라면으로 때우는 나를 사람들에게 보여 주기 싫었다. 나는 그만큼 숫기가 없기도 했다.

"그래 이거다." 순간 대단한 발견이라도 한 양 무릎을 탁 쳤다. 얼굴이 환하게 밝아 온다. 왜 진작에 그 생각을 못 했지? 뒤늦은 깨침을 안타까워하며 머리를 쥐어박았다.

번뜩 떠오른 재치란, 매끼 빵 2개씩이던 것을 점심은 지나치고 아침저녁으로 3개씩 하기로 했다. 굶는 데는 이력이 단단히 붙은 몸이니 한 끼 정도 굶는 거야 아무것도 아니다.

대신 두 끼는 배를 채울 수 있으리라. 한 끼라도 배가 불러 오는 포만감을 가지고 싶었다. 빵 몇 개의 주림도 생각 하나의 차이로 행복을 가져온다는 게 삶은 생각할수록 알 수 없는 아득함이다. 얼마 못 가 조삼모사를 떠올리곤 픽 웃어넘겼지만.

휴게실에서 빵을 먹기엔 자존심이 허락지 않는다. 휴게실 옆 한 평도 안 되는 화장실 문을 걸어 잠그고 봉지 소리를 죽여 가며 후딱 빵 3개를 해치웠다.
행여라도 동정의 눈길이 닿는 건 죽기보다 싫었다.

당시 나에게 관심을 주던 여학생이 있었다. 더구나 그 아이에게 들켜선 안 될 일이다.

주림보다 살아 있음을 확인시키는 고약한 놈은 없다. 먹기 위해 사는 건 슬픈 일인지 모르나, 배고픔은 살이의 뜨거움을 불 지피는 아궁이이다.

불 지필 장작이 될 만한 것을 한꺼번에 쓸어 넣지 않아야 한다. 불꽃의 크기가 아니라 불꽃을 살려 나가는 몸부림으로 아궁이에 뜨거움이 인다.

82년도의 겨울은 혹독했다. 난방도 제대로 안 되는 암사동 싸구려 독서실에서 하루에 빵 6개로 추위를 떨어내기엔 턱없었다.

하루는 아르바이트를 끝내고 들어와 난롯가에서 몸을 녹이는데 코 안으로 마른 열기가 훅 쑤시고 들어온다.

거의 한 달을 앓았다. 그토록 지독한 감기는 처음이다. 서울은 감기마저 시골 촌놈을 우습게 아는지 매섭게 몰아붙였다. 이틀은 정신까지 잃을 지경이었다.
그 이틀을 제외하고 이후에도 하루에 빵 6개를 거르지 않았다.

그때가 처음인 것 같다. 서울 올라와 눈물을 흘렸던 일이. 화장실에서 눈물에 젖기도 전에 얼은 입안으로 빵을 쑤셔 넣었다.

왜 눈물이 났던지 알 수 없다. 분명 서럽다거나, '인생이 이게 뭐람' 이런 유의 싸구려 자기 연민은 결단코 아니다.

당시 나는 절망이나 분노를 읊조리기엔 너무나 파릇한 새싹이었다. 손가락으로 지구를 들어 올릴 만한, 패기 넘치던 10대 후반을 지나던 때이다.

'비록 지구는 돌아도 나는 결코 돌지 않으리' 깡다구 하나는 하늘을 덮고도 남았다.

아마도 잘끈 힘을 세게 주었거나 눈이 아팠을 게다. 난 배가 고프면 눈이 심하게 쑤시고 아프다.

아니면 화장실에 숨어 식사를 하는 내가 어이없게도 편안해서 속으로 그 여유로움을 허허 웃다가 나도 모르게 나온 눈물인 게다.
완전히 돌아오지 않은 정신의 이상 신호에 눈물샘이 반응했거나.

'이제 시작이다' 빵이 눈물에 젖어선 안 되는 이유다. 눈물을 주워 들고 전등 불빛에 비추어 가며 요모조모 설움을 발기기엔 나의 젊음이 용납하지 않는다.
새파란 젊음이 한밑천인데 쩨쩨하게 눈물 따위를 받아 들겠나?

중학교 입학식 날, 자취방에서 연탄가스에 취해 죽다 살아난 적이 있다. 나보다 3일 늦은 사촌과 이틀간 살림을 챙겨 주느라 함께 한 큰 어머니 셋이었다.

다행히 문간 옆에서 주무시던 큰 어머니께서 사촌의 무의식적인 울음소리를 듣고 깼다. 나도 그 울음소리를 듣고 있었지만 전혀 움직일 수 없었다. 큰어머니께서 어렵게 문을 두드려 건넌방 주인 아주머니를 깨운 덕에 우린 살아날 수 있었다.

  사촌의 울음소리가 아니었다면 우린 졸지에 황천으로 갈 뻔했다.
  병원도 모르던 시절인지라 사람을 한데에 내놓고 정신이 돌아오기를 기다리는 것이 전부였다.
  아랫목에 잔 사촌보다 내가 먼저 깨어났다. 7시간만이라 했다.

  설핏 정신이 드는데 그때까지도 사촌은 몸을 가누지 못하고 일으켜 앉혀 놓으면 옆으로 픽픽 쓰러졌다.
  날이 부옇게 밝아 오고 우리를 방에서 밖으로 옮긴 이웃집 아저씨들이 둘러서 있다. 내 입과 얼굴은 식초 범벅이었다.

  가스를 해독하는 민간요법으로 식초를 코밑에 바르는데 이건 바르는 정도가 아니라 입에 들이붓는다.
  이 일이 있고 난 후부터 나는 조금 멍청해진 것 같다. 이전에는 꽤나 또릿하다고 생각했는데…….

  일주일 후 박수였던 옆방 아저씨가 가스 사고로 돌아가셨다. 시골에 처자를 두고 여기서 홀로 지내다가 변을 당했다. 국민학교를 졸업하자마자 밥벌이에 나서야 했던 고향 친구의 아버지이다.

  나는 덤으로 주어진 생을 선물로 받아 든, 너무 일찍 그것을 깨달아 버린 애늙은이가 되었다.

한 귀탱이 떼어 주고도 아깝지 않을, 쌩쌩한 목숨이 한 재산인데 그깟 눈물에 젖을 빵이 아니다. 눈물에 젖지 않는 빵. 아니 빵을 적시기엔 눈물이 가여운, 아직은 때 이른, 나에겐 청춘의 빽이 있다.

어려운 일이 생기거나 위기가 닥치면,
'이제 시작이야. 눈물에 젖기엔 아직 빵은 너무 뜨거워.' 혼자 주절대는 버릇을 만든 연원이다.

눈물은 내려가고 숟가락은 올라간다. 눈물을 덜어내는 만큼 가벼워지는 생이라면 좋으련만, 그래서 생이 중심을 잡는지도 모른다. 눈물의 무게로.

누구나 다 마르지도 않은 눈물 자국을 붙이고 뒷모습을 보이지 않으려 애쓰지만, 내일 또 눈물로 눈물을 달래야 하더라도, 내려가는 눈물을 팽개치고 밥술을 든다고,
"어찌 생이 저리 가벼울꼬" 말하지 않는다.

눈물은 눈물로 치료할 수밖에 없기에.
눈물이 마른다는 건 생이 말라 버렸음을 알기에.

소와 어린이

연아를 대면할 때마다 확인하는 것은
'맑다. 깨끗하다. 순수하다.'
남성의 눈에 비치는 아름다움에는 에로스적인 관능이 끼기도 하는데, 연아를 보는 내 눈은 그런 불순물이 개입하지 않습니다.

9살 때 형들을 따라 깊은 계곡, 큰독골에 소 먹이러 갔습니다.
고삐를 풀며 처음으로 마주했던 소의 눈망울을 잊지 못합니다.

조그만 녀석 앞에서 무심하게 끔벅이던 큰 눈동자.
소 눈동자에 어린 나. 세상에서 가장 착한 꼬마 녀석이 소의 까만 눈동자에 들어 나를 바라봅니다.
꼬마 녀석은 나직이 소곤거렸습니다.
"소야, 저쪽 절벽인 데로 가면 안 돼. 다치면 안 돼."

계곡 안쪽엔 큰 바위 절벽 틈에서 쪼르르 흘러내리는 샘물이 있습니다. 너무 맑고 시려 어린 가슴에도 찬란한 설움이 뱁니다.
칡넝쿨 사이에서 샘물은 저 홀로 동무가 되어 줍니다.

조곤조곤 속삭이는 그 말뜻을 무엇으로도 풀어낼 수가 없어, 가슴으로 안아 볼 뿐.
연아의 얼굴이, 몸짓이 그렇습니다.
소의 큰 눈동자.
바위틈에서 소곤대는 샘물.
연아는 아름답지 않습니다.
거대한 아름다움입니다.

(나는 김 연아 선수를 보며 더욱 긍정의 힘을 믿는다. 그녀가 얼음 위에서 벌이는 춤판이 그렇다. 세상을 순순하게 맞도록 한다.

'늘 겸손한 사람이 되고 싶다' 그녀의 장래 희망이란다. 갓 스물을 넘긴 처자의 말이다. 말에 군더더기가 없다. 간결하고 담담하다.

"지금은 아주 중요해 보여도 지나고 보면 별것 아니잖아요"
"떠나가는 내 모습이 아름다웠으면 좋겠다" 말을 앞세우는 법이 없다. 자신이 떠난 자리를 염려하는 사람. 가슴에서 몰래 눈물의 시를 쓰게 하는 아가씨. 나의 이름에 진지한 고뇌를 얹어 주는 자. 연아가 그랬다.)

한 소녀의 힘이란

여왕 연아가 손을 뻗으면 세상은 돈다.
감동의 눈물이 돌고
희망으로 세워진 용기가 돌고
선한 의지가 돌고
훈훈한 인정이 돈다.

여왕 연아가 얼음판을 미끄러지면
세상은 장단을 두드리며 함께 돈다.
내가 너에게 돈다.
원초적 대자유가 안주한 마음이 돌고
영혼의 끝이 맞닿아 돌고
지성이 맑음 힘을 되찾아 돌고
흥취가 여유를 채워 돌고
돈은 또한 낮고 고단한 처지를 찾아 돌아든다.

여왕 연아가 미끄럼을 돌며
손가락 끝을 살짝 비틀어 털어 내기라도 하면

세상은 그저- 아, 하고 돌아간다.
애국가의 선율이 세상을 휘감아 돌고
태극기가 중심축을 이루어 우주가 돈다.

여왕 연아가 빙판에서 고개를 갸웃하며 속도를 빚으면
세상은 잠시 정신 줄을 놓고 호박만한 눈동자들이 빠르게 돈다.
괜스레 달마저 배시시 웃음을 흘리며 하루에도 몇 바퀴나 도는지 모른다.

미국의 달은 엄청 크다.
큰 땅덩이만큼. 여자들 큰 엉덩이에 걸맞게 크다.
여왕 연아가 세상을 아름답게 굴리면서 대한민국의 달이 가장 커졌다. 여왕 연아가 21세기 신한글을 창조했다. 그 기호는 감동이다. 새로운 경험이 주는 열정이다.

기계의 이성에 매몰되어, 갇혀 있던 나로부터 뛰쳐나와 더불어 소통하게 한다. 잃어버렸던 마음을 되찾아 기록하게 한다.
낡고 헤진 심사를 샘물로 씻어서 표시하게끔 만든다.
세상을 돌아드는 저 달마저 푼수로 만든다.
누구나 그저 그렇게 바라보았던 달이건만
이젠, 너무나 크고 우렁찬 코리아의 달이 한없이 부럽다.

달의 표정 하나하나가 다 보여서

대화하는 방법도 알게 되었다.
그래서 고맙다.

여왕 연아는 이제
세상의 명제가 되었다.
우리네 삶은 어떠해야 하는지
세상을 돌면서 버려야 할 것이 무엇인지
결코 놓아선 안 되는 것이 무엇인지
무엇을 말하기 전에 무엇을 갖추어야 하는지…….

나의 꿈 또한 여왕 연아와 다르지 않다.
하릴없이 달을 향해 던지던 돌멩이를 거두고 싶다.

큰 달이 되고 싶다.
세상 사람들이 말을 걸어오는 달이 되고 싶다.
나의 표정을 보고 웃음 짓는 달이 되고 싶다.
모자라고 험한 곳을 찾아드는 돈 같은 달이고 싶다.

앙글라의 축복

'***교회 가족과 지인 여러분에게 알립니다. 지금 편파적인 방송에 속지 마십시오. 두 눈을 막고 작은 교회를 무너뜨리려고 하고 있습니다. 오직 하나님만이 심판자일 것입니다. 절대 사탄의 꾀임에 넘어가선 안 됩니다. 이 글을 널리 알리십시오.'

정인이와 관련된 친척이 쓴 것이라며 인터넷에 떠도는 글입니다. 사실 여부는 저도 알지 못합니다. 누구를 비난하기 위함도 아닙니다. 불가에도 이와 맥락이 비슷한 이야기가 있습니다.

빼어난 미남 청년 앙굴라가 도력 깊은 스승의 문하생으로 들어 수행하던 중. 남몰래 그를 흠모하던 스승의 젊은 아내가 남편이 멀리 출타한 틈을 타 그를 유혹합니다.

"이러시면 아니 됩니다" 앙굴라는 미동도 않습니다.
남편이 돌아오자 연심이 앙심으로 바뀐 독 오른 부인이 그를 모함합니다. 노독도 풀리지 않은 남편의 귀에 빨간 혀를 밀어넣고

"앙굴라가 나를 겁탈하려 했지 뭐예요" 시꺼멓게 그을린 고자질을 지펴 넣습니다.

믿었던 제자였던 만큼 스승의 분노는 걷잡을 수 없게 됩니다.
"네게 은밀히 전하노라. 도를 이루자면 사람을 죽여 그 오른손 엄지손가락 100개로 목걸이를 완성해야 하노라." 앙굴라를 악의 구렁텅이로 밀어 버립니다.

그때부터 앙굴라는 닥치는 대로 사람을 죽이고 엄지손가락을 잘라 갑니다.

종교가, 감정이 접촉하는 피부를 가로막고 나서면 자신도 모르게 얼마나 흉측한 몰골로 변해 가는지를 보여 줍니다.

살인이 도라는 장막에 갇혀, 이상을 실현하는 성스러운 행사로 변모합니다. 앙굴라 입장에선 사람을 죽이는 것이 아니라 도를 이루는 엄숙한 사업. 자신에게 더없이 충실한, 진리의 수행입니다. 그의 눈에 살인은 보이지 않고 오직 도만 보이기 때문이지요.

종교 의지. 진리. 최고선을 향한 구도의 뜨거움이 끓어 넘치지만, 밖에서 보면 잔혹한 살인일 뿐입니다.

어린 생명이 무참하게 스러졌습니다. 비통함이나 죄책감은 온데

간데없고 오로지 성전 걱정뿐입니다.

　살인의 흉측함과 진리의 아름다움이 아무런 모순 없이 하나로 통합되고 찬양됩니다. 망막에 신이라는 대리자가 끼어들면서 사람을 보지 못합니다. 내 안의 나를 보지 못합니다.

　아픔이 오고 가는 통행로를 종교라는 허깨비가 막고 있기 때문입니다. 고통이 피부를 뚫고 내왕하지 않으면 사람은 보이지 않고 허깨비만 보게 됩니다.

　최상의 거룩함이 말라비틀어진 관념 쪼가리로 들붙어, 감정이 스며드는 통로를 차단해 버리면서 사람으로부터 멀리 달아나 외계의 괴생명체가 됨을 보여 줍니다.

　예수님은 성전에서 안식을 버리고 평생 광야를 떠돌았습니다.
'극히 작은 자 하나에게 한 것이 곧 하나님에게 한 것이요'
'어린아이와 같이 자기를 낮추는 사람이 천국에서 큰 자니라'

　내 손안에 하나님이 살아 있지 않으면 어디에도 나의 천국은 없다 말합니다. 광야는 살이가 펼쳐지고 겹쳐지고 포개지는 곳입니다. 광야는 고통을 껴안음이요. 고통 안으로 걸어 들어가는 것입니다.

　부처님은 일생 동안 발우 노릇 했습니다. 매일 발우(밥그릇)를 들고 빌어먹었지요. 그기에 부처님의 모든 가르침이 들어 있습니다.

'먹음이 도요. 수행이다' 내가 잘난 능력으로 벌어먹는다 하지만 미생물과 지렁이가 열심히 땅과 유기물을 갈아엎고, 벼와 과실수가 동물과 식물의 사체를 달콤한 열매로 변모시키는 애씀이 있고, 농부가 알곡을 거두고, 상인이 실어 오는 수고로움으로 우린 밥을 먹습니다.

돈으로 쉽게 사는 밥 한 숟가락이 아닙니다. 우주의 모든 존재가 협심해서 이루어 낸 생명입니다. 누구나 우주의 젖줄에 입을 대고 있는, 우주의 모유를 빠는 빌어먹는 존재입니다.

'발우 노릇'은 산다는 것을 떼어 놓고 어디에서도 도를 구할 수 없다는 법문입니다. 산다는 건 먹음의 문제이기도 하구요.

설악산 오세암으로 가는 도중, 대구에서 온 보살님(불자 여인)들을 만났습니다.
"요즘도 갓바위 앞에서 탁발하시는 스님이 계신가요?" 물었더니

'**종 스님은 길거리에서 탁발하지 않습니다' 이런 현수막이 걸려 있다는 대답입니다. 밖에서 탁발하는 것은 스님이 할 짓이 아니다 내지는, 탁발은 스님의 품위에 어긋난다는 의미죠.
"허허 이런 스님들을 보았나!" 나도 모르게 튀어나온 한탄입니다.

스님은 비구라 하여 걸사, 빌어먹는 자를 이릅니다. 절간에 고즈넉이 앉아 있다고 빌어먹는 것이 아니지는 않지요. 빌어먹는 존재라는 깨달음에서 도의 출발을 삼은 것이 부처입니다.

어릴 적에 자주 보던 스님의 탁발을 지금은 보기 힘듭니다. 스님의 탁발은 발우 노릇이 아닌 '바랑 노릇'이었습니다.

밥그릇 발우가 아니라 걸망을 둘러메고 밥이 아닌 쌀을 채워 넣었지요. 겨울 추위 탓을 하지만, 이것이 스님이 광야를 놓치고 산중에서 밀폐된 가장 큰 원인이 아닐까 생각해 봅니다.

'먹음이 도'였던 부처님과는 달리 먹음 따로 수행 따로, 먹음을 수행을 위한 절차나 도구쯤으로 떨어뜨림으로써, 수행이 민중의 질곡을 내팽개치고 산속으로 도망쳐, 은둔의 앉은뱅이 관념으로 떨어진 것은 아닐까요? 부처가 마치 저기 어디쯤 있는 양.

골목마다 교회와 절은 불어나고, 신부와 목사, 스님의 좋은 말은 넘쳐나는데 갈수록 인심이 각박하고 사람이 거칠어지는 건, 그들이 광야를 잃고 담장 높이 쌓은 성전에서 안식하기 때문이 아닌가 생각합니다.

화나셨다고요? 그래도 전 말을 바꿀 뜻이 없습니다.

부처님은 '지극히 성스러운 진리는 고통이다' 합니다. 바꾸어 말하면 '사람꼴을 갖추는 하나의 길이 있다. 그것은 네 아픔에서 내가 자유롭지 않을 때이다'입니다.

천국 극락을 잇는 길은 고매한 사상, 존엄한 종교, 지극한 도가 아니라 고통의 실천에 있습니다.

아픔이 서로 접촉되고, 마주 잡은 연대의 손으로 고통이 새롭게 조각되면서 너와 나 개체에서 우리, 공동 운명체가 됩니다. 행복이라는 환각에 빠진 행복 중독증에서 나와 고통을 대면하며, 내가 네 아픔에 닿으면서 너를 봅니다. 너를 보는 것에서 멈추지 않지요. 그것이 나의 다른 모양임을 보며 비로소 나에게 닿는 것이 아닐까요.

고통은 피해야 할, 쳐내야 할 무엇도 아닌, 서로 어루만져 주는 것. 그러므로 고통에 휘둘리지 않고 고통에 나를 빼앗기지 않으며, 고통을 극복하고자 몸부림치지 않을 테니까요.

어둠이 빛을 밝혀 밝음을 규정한다면, 고통이 생명을 밝혀 우리가 치러야 하는 수고로움을 비춰 주고, 그 수고로움으로 벌어진 틈을 꿰매며 아물어 가지 않을까요?

'도둑질하면 천당에 들지 못한다'나
'나쁜 짓하면 다음 생은 뱀으로 태어난다'는 말 태가 다를 뿐 같은 뜻을 지닌 같은 말입니다. 성인들은 같은 말을 하는데 종교라는 골방에 갇혀 보지 못할 뿐이지요.

앙굴라 이야기를 마저 하겠습니다.
99개의 손가락을 모은 앙굴라는 마지막 한 개를 남겨 놓고 부처님과 마주합니다.

"게 섰거라!" 앙굴라가 아무리 발버둥 치며 뛰어도 부처님을 따라잡지 못합니다.

"나는 이미 멈추었다. 그대는 아직도 멈추지 못하는가?" 부처님으로부터 이 말을 들은 앙굴라는 순간 자신과 대면하게 됩니다. 살인을 멈추고 부처님의 제자가 됩니다.

어느 날 탁발 나간 앙굴라는, 친정으로 가는 도중 길거리에서 출산하는 여인을 만납니다. 임산부는 수행자의 축복을 받으면 아기를 순산한다 믿습니다. 수행자로 다시 태어난 앙굴라가 임산부를 축복하려 하자 그를 알아본 여인이 거부합니다.

"나는 거듭난 이후에 한 사람도 해친 일이 없습니다." 앙굴라가 말하자 여인은 그의 축복을 허락합니다.

'거듭나다'란 나를 알아차리고 멈추었다는 뜻이겠지요.
비로소 내가 나에게 관심을 기울이는 일일 겁니다.

욕 1

26살 때인가? 미국 가기 전 청파동 살 때.
그땐 민이라는 친구와 자주 만나 토론을 벌이곤 했다.

처음엔 민주주의가 어떻고, 정의가 어떠해야 한다느니 시덥잖은 소리로 시작하다가, 압력 밥솥의 밥물을 일반 밥솥보다 많이 잡아야 하느냐 적게 잡아야 하느냐.

사람 궁둥이가 처지는 것은 노화와 생체 환경의 변화 때문이다, 아니다 중력의 집요한 탐욕 때문이다 등등 생활 전반으로 주제가 넘어간다.

내용이라 해 봐야 보잘것없지만 서로 지기 싫어 소리를 떽떽 질러가며 우기기 일쑤다. 토론이 얼마나 격렬했던지, 그보다는 경상도 특유의 억센 목소리가 싸움 같아 위태롭게 거슬렸으리라.

"이봐요, 길거리에서 그렇게 떠들면 어떻게 해요. 테레비를 볼 수가 없잖아요."

할 수 없이 구멍가게 앞에 놓인 탁자로 자리를 옮기면,
"장사 망칠 일 있어요. 남의 가게에서 싸우고 그래요? 손님이 다 도망가잖아요." 다시 자리를 피해야 했지만,

"이보시오, 교회 앞마당이 당신네 안방이오? 시끄러워 잠을 잘 수가 있어야지, 당장 나가시오." 다시 통일 교회 정문 계단에서 쫓겨나야 했다.

어느 날 또,
"있을 거야, 없을 거야" 쓰잘데기없는 추측에서 시작했던 것이
"있다, 없다" 토닥대다가 내가, 없어야 하는 당위를 설명하며
"없다" 확신에 찬 단정에 이르면, 친구 또한 없어야 할 이유가 없다며
"있다" 맞장구친다.

"그래? 그럼 함 해보지 뭐."
너나 나나 성깔머리 급한 건 못 참아서 당장 공중전화 부스 앞으로 달려갔다. 번호를 돌리니
"야, 신호가 간다."
"그래? 들고 있어 봐."

"여보세요?" 저쪽에서 40대 중후반의 묵직한 목소리가 넘어온다.
"아, 예······." 말을 못 하고 우물쭈물······ 그냥 있나 없나 확인만

해 보려던 참이었는데,
"누구시죠?" 점잖게 물어 온다.

"아 예. 거기 ***에 십팔 십팔 맞아요?"
"그런데요?" 대답이 약간 심통 맞다. 조금 당황스럽기도 하고……에라 모르겠다. 말 나온 김에 물어나 보자.

"근데 왜 십팔 십팔이에요?" 나는 나름 진지하게 나가는데, 옆에서 동무가 캑캑 웃음보를 터뜨리는 바람에,
"야 이 시펄 자석아 밥 처먹고 할 일 없으면 잠이나 처자라." 확 끊어 버린다.

그 양반이 십팔 십팔을 입에 달고 사는 건 당연하다 싶지만 불혹의 나이에 들고 보니 그 양반도 참 딱하다.

불혹, 말 그대로 '혹'하지 않는다는 것이오. 호들갑 떨지 않는다는 것인데, 서울 살다 보면 누구나 한 번쯤은 궁금해해 볼 만도 하건만, 호기심에 한번 물어본 것뿐인 것을,

모른 체하고, "어쩌다보니 십팔 됐네요." 아니면,
"십팔이 뭐 어때서요? 조옷도도 섬인데." 질문이야 대략 난감했어도 대충 눙치고 넘길 수도 있었으리라.

그 양반, 이젠 이순도 훌 넘겼으리라. 지천명을 두 번이나 거쳤는데, 아직도 그 전화번호를 가지고 있을까?

지금도 그런 전화를 받고 있을까? 받는다면 뭐라 할까? 여전히 욕사발 퍼부어 줄까? 이것저것 궁금하다.

'설마하니 욕이야 하시겠나? 춘추가 몇 개인데……'
'아니지, 나이야 사람이 먹지 욕까지 나이를 먹을라고?'
'에이, 아무렴 봄가을(춘추)을 그냥 준다고 넙죽넙죽 다 받아넘겼을라고? 그건 토해 내지도 못하는데…….'

'모르지. 체면이야 머리에서 나고 욕은 가슴에서 나오는 것이니. 굳어 버린 머리가 세 치 혀를 단속이나 할 수 있을까?'

'그래도 '지' 천명인데, 알 만한 사람이라니 똥인지 된장인지 분간 못 할려구?'
'말이야 좋지. 몰라서 도둑질이냐. 안 되니 서방질이지.'

'글쎄 지 '천' 명인데, 하늘이 무서워서라도…….'
'천만에, 하늘은 멀고 눈알은 내려보는 법이니 그까이 거 욕지거리쯤이야…….'

'음, 그렇더라도 지천 '명'인데, 거스를 게 따로 있지…….'
'글쎄 제 버릇 개가 물어 갈까?'

지천명이라 하늘땅은 가려 딛겠지 하면서도 …에라 모르겠다. 이번엔 민이 네가 함 전화해 봐라. ***-1818.

욕 2

국민학교, 중고등학교 시절을 돌이켜 본다.
지상 최대의 목표인 양 애국을 강제로 머리에 주입하고 세뇌하던 때이다.

'우리는 민족 중흥의 역사적 사명을 띠고 이 땅에 태어났다. 조상의 빛난 얼을 오늘에 되살려……' 어린 학생에겐 생경한 한자어로 가득 찬 국민 교육 헌장을 달달 외워야 했다.

어스름이 일과를 추슬러 거두어들일 즈음, 소먹이를 끝내고 집으로 돌아올 때면 어김없이 학교에서 울려 퍼지는 애국가를 듣는다.

그럴 때면 너 나 할 것 없이 힐끗 주위를 살피며 오른손을 가슴에 얹고 엉거주춤 멈추어 선다. 한참이나 뻘쭘하게 서서 멍하니 어딘가를 쳐다본다. 쭈뼛이 눈동자가 마주치기라도 하면 서로 머쓱하게 웃었다.

'나는 자랑스런 태극기 앞에 조국과 민족의 무궁한 영광을 위하여

몸과 마음을 바쳐 충성을 다할 것을 굳게 다짐합니다.'
 애국가가 후렴구에 닿으면, 국기에 대한 맹세를 읊조리는 근엄한 목소리가 나직이 깔린다. 은근한 협박처럼.

 응달에 다소곳 앉아서 발그레한 분꽃 내음을 피우던 철쭉은,
 "공산당 괴뢰도당을 타도하자고 이 연사 힘차게 외칩니다." 마이크 폭음에 놀라 나무 그늘 속으로 숨던 시절이었다.

 그때, 금주의 표어로서 가장 많이 등장했던 것이, '욕을 하지 말자'였다.

 애국 조회에서 교장 선생님의 일장 훈시가 있고, 주말 종회에 또 한 번 교실마다 반별로 욕에 대해 토론을 벌인다. 욕에 관한 토론이 아니라 '욕 하지 말자'에 대한 반성을 주문하는 절차다.

 소위 고등 교육을 받는다는 고등학생이 유치원 아이들처럼 '욕을 하면 좋아요 나빠요. 나쁘죠?' 욕을 하지 말자는 다짐으로 논쟁이라 할 것도 없는 토론을 맺는다. 참으로 웃기는 코미디다.

 충성할 것인가. 적이 될 것인가. 분명하게 표하지 않으면, 침묵은 빨갱이. 흑이냐 백이냐. 이것 아니면 저것.

 아니 저것 자체가 용납되지 않는 이것만 있다. 선과 좋은 것. 그리

고 쳐부수어야 할 것이 있다. 왜 어떻게 어느 정도로 나쁜지 생각의 말미를 가지면 악이고 공산당이다.

그렇게 몰아가던 때, 욕이란 무엇이었을까?
교련 선생이 몽둥이를 틀어잡고 학생들을 군인 정신, 복종과 동질성 한가지로만 갈겨 대던,
총칼로 국민 의식을 난도하던 독재 정권 아래에서 순응만이 길이던 때.

욕은 불만이 쏘아 올리는 함성이오. 불신의 싹이 키운 파도요. 비판의 불꽃이 지핀 들불이다. 잉여 감정의 발산을 넘어 가슴과 가슴을 잇는 동아줄이다. 민중에게서 욕은 직접적이고 살아 있는 권력이다.

독재자에겐 이단의 눈엣가시다. 치부를 쑤셔 대는 송곳이다.
민의 욕은 힘 있는 젊음이고, 차고 넘치는 끓는 피다. 과녁을 향해 질주하는 화살이오. 겁 대가리 없이 치받는 소뿔이다.

욕은 힘이다.
거침없이 쏟아 낼 때 그것은 순수한 결정체가 된다. 이물질이 섞이지 않은 투명함이요. 분노하는 정의다. 당당한 표어로서 등불이다. 등불이 뭉쳐 횃불을 지켜 든다.

그래서 정통성 없는 독재자는 욕이 무섭다.

오늘은 최루탄 가스에 맞서는 돌팔매로 끝나지만, 내일은 그들의 심장을 겨누는 시퍼런 창날을 맞이하리라는 것을 욕을 통해 본다.

욕을 하지 말자-비판의 싹을 아예 잘라 버리는, 사상을 검열하고 통제하는 독재자의 국민 길들이기. 코뚜레다. 세뇌용 말뚝 치기이다.

욕은 그렇듯, 꺾이지 않는 청년이오. 피 끓는 열정이다.
젊음은 당당히 욕을 한다. 욕과 어깨동무하며 함께 보조를 맞추고, 욕 아닌 욕과 맞잡이 하며 맞선다.

욕이 연결하는 사회성을 교감하며 힘을 기르고, 삿대질하며 모가지에 걸린 가래침을 거침없이 내갈긴다.
욕은 나쁘다는 순응의 명제를 벗어나 옳고 그름을 분별하고, 옳음을 조직하는 실천에 눈뜬다.

어떻게 행동으로 엮어 불의를 박살 내는지 욕의 강도로 표시한다. 욕이 다다르는 곳으로, 이정표로서 길을 만들고 함께 건널 다리를 놓는다.
진짜 욕이 되는 건 분노해야 할 때 미소로 분 바르는 비겁함이다.

50을 바라보며, 이젠 힘차게 욕을 뱉어 낼 용기가 없다.
나이를 먹으며 노쇠해지는 자신을 돌아본다. 언제나 싱싱한 젊음을 과시하는 욕은 그림 속의 떡이다. 나이를 먹지 않는 욕이 마냥 부럽다.

'알 만한 사람이…….'
체면과 연륜이라는 나이테 속에 가두려는 시선들은 더욱 나를 위축시킨다. 그들의 질서에서 이탈되어 외톨이로 남을까 두렵다.

앞에선 점잖은 체 진중한 목소리를 지으며 허허, 넉넉한 웃음으로 호기를 부려 본다. 그러나 뒷구멍 구린 냄새가 들키진 않을까 멋쩍은 소리일 뿐이다.

대의라는 명분을 앞세워 치기나마 한마디 욕을 던져 보았던 적이 언제였던가? 보고도 못 본 척 외면해 버리는 비굴함이, '좋은 게 좋은 거라고' 이익을 쫓아온 소인배의 알량한 허풍만이 고개를 내민다.

마땅함을 관통하는,
아닌 것을 아니다 외치는 자.
그른 것을 그르다 욕을 퍼부어 대는 당신.
당신이 용기요. 젊은이이다.

눈물 3

꼬맹이가 길거리에 퍼질러 앉아 운다. 눈물 콧물에 침까지 버무려 가며 목젖이 튀어나와라 악을 쓴다.

불끈 쥔 두 주먹은 세상을 향한 열렬한 웅변이다. 울음도 집중해서 파고들면 간결하게 세워 올리는 웅장한 예술이다.

저만치 서 있던 엄마가 돌아서자 아이는 아예 누워 버린다. 발꿈치로 땅을 내차며 발버둥이다. 떼쟁이 울음소리는 더욱 분주하다.
톡톡 튀는 불꽃이랄까? 영롱한 보석같이 빛나는 눈물이다. 옆에서 곁불이라도 쬐고 싶은 생명의 발랄함이다.

엄마가 내민 과자 한 봉지에 똑 끊어지는 녀석의 눈물.
비극을 가장한 희극의 눈물샘.
눈물의 희극성은 거짓 없는 눈물의 거짓에 있다.

삶이라는 게 가끔 눈물을 위장한 농담 같기도 하다.

눈물 4

"저에게 형제가 있나요? 나를 버렸다 원망하지 않아요.
손을 내밀어 주세요. 딱 한 번이라도 좋아요.
만나서 커피 한 잔이라도 하고 싶네요.
이 영상에 행운이 깃들어 가족을 만날 수 있기를 바랍니다."
엄마를 찾기 위해 미국에서 건너온 입양인 루크가 남긴 말이다.

뉴욕 퀸즈 서니사이드 40번가에서 지낼 때 한국에서 입양되어 온, 5살쯤 되어 보이는 여아를 만난 적 있다.
언니인지 엄마인지 모를 30대 초반의 백인 여성이 놀이터에서 모래를 만지작거리며 노는 아이를 지켜본다.

아이가 한복을 입고 있어서 한국에서 왔다는 것을 알 수 있었다.
나는 그 여인은 물론 아이에게 어떤 질문도 하지 않았다.

아이가 언제 미국에 왔는지, 한국말은 하는지, 입양 가족의 형제들도 궁금했지만 입을 꾹 닫고 넘겼다. 그래야만 아이에 대한 예의일 것 같았다.

동그랗고 까만 눈동자가 빛나는 아이는 참으로 예쁘고 해맑았다. 가끔 모래를 들고 말은 않은 채 그 여자에게 손짓하는 모양으로 봐서 미국에 온지 얼마 안 되어 보였다.

나에게는 눈길 한 번 안준다. '내가 기대야 하는 사람이 아줌마라는 걸 알아요' 하듯 그 여성의 관심 안에 머물고자 애쓴다. 조금 어색하게 지어 보이는 아이의 웃음이 내 신경 줄을 불편하게 잡아당긴다.

핏줄의 끌림? 동족으로서의 연민? 아니면 아이가 어느 정도 커서 겪게 될 혼란에 대한 미안함?

어느 날 문득, 머리카락과 눈, 피부 색깔, 얼굴 생김새가 완전히 다른 사람들 속에 있는 자신을 발견할 때의 낯섬.
그 엉뚱함을 해명해 줄 언어를 찾기 시작하면서 부닥치게 될 '나'에 대한 의심.

'나는 누구인가?' 이 질문에서 헤어나지 못하면서 '내게로의 여행'이 시작될 것이다. 나는 어느 별에서 왔는지, 뭔가 빠진 그것이 나의 문제인지 다른 무엇이 가져다준 착각인지.

보통의 여행이라면 일상으로부터의 해방에서 새로운 자기와의 대면을 꿈꾸지만, 그 여행은 과거의 꼬리를 물고 늘어진다.

긍정에서 긍정으로 다져 가며 앞으로 나아가지 못하고 '다르지 않아' 부정의 부정으로 뒷걸음치며 자기를 찾아가는, 사라진 몸통 한 토막을 찾아 끼워 맞추는 고단한 여정이다.

과거의 밧줄에 묶여 날개를 펼 수 없다. 과거에서 지금의 근거를 가져와 기둥을 쳐야 하는 자는 날개를 접고 좁고 어두운 동굴로 들어가야 한다.

'엄마가 나를 버린 게 아니야. 피치 못할 사정이 있었겠지.
나를 사랑하지 않았을 리 없어.
마지막까지 피하고 싶었던 결정이었을 거야.
아기였던 나와 이별하면서 마음이 많이 아팠을 거야.'

부정의 부정으로 미로를 헤치고 나가는 긴 노정을 거쳐 긍정에 도달하고자 하는 자기 탐험으로 찾고자 하는 것은, 사람들이 당연하게 누리면서도 그 위대함을 알지 못하는 평범함. 일상이다.

나도 사랑하는 부모가, 걱정해 주는 형제가 있다는, 이유 없이 버려진 사람이 아니라는, 너와 다를 바 없는 보통 사람이라는 것을 확인하고 다짐받아야 하는 여행이다.

"엄마, 제가 한국에 돌아왔어요.
엄마의 얼굴을 잊어버렸지만

아직도 엄마를 사랑하는 마음을 갖고 있어요.
엄마가 만약에 저를 아직 기억하시면 연락해 주세요.
한번 같이 식사하면 어떠세요?
엄마, 우리가 만날 때까지 건강하세요." 루크의 말이다.

내가 누구인지 안다는 건 나도 무언가 할 것이 있다는 존재의 연결이자 자기 확신이다. 자식으로서, 오빠로서, 동생으로서의 위치가 정해짐으로 드디어 공중에 떠 있는 발을 땅에 딛게 한다.

'내가 왜 붕어빵을 먹자 한 줄 알아?'
'다 똑같이 생겼잖아. 그래서 붕어빵이라고 하는구나'

나도 낳아 준 엄마가 있다는,
외행성에서 날아온 이방인이 아니라는
평범함의 목마름을 채우기 위해,
같은 사랑의 고물로 채워진 나와 같은 생김새를 한 사람이 어딘가에 있음을,
그를 찾기 위해 점심으로 붕어빵을 고른 자의 눈물은,

아무도 봐 주는 이 없이 새벽이슬 맞으며 동산을 넘는 그믐달의 처진 어깨다.
더군다나 어린아이의 까만 눈동자에 맺혀 있는, 진눈깨비 내리는 밤하늘을 저 홀로 건너는 그믐달. 고개 파묻은 얼굴을 보는 건 곤혹스럽다.

하 재헌 중사

서부 전선 비무장 지대에서 수색 작업을 하다가 목함 지뢰를 밟고 양쪽 다리를 잃은 하 재헌 중사. 20대 초반의 한창 나이에 그가 겪었을 상실감은 상상하기 힘들다.

'힘내. 젊음이 있잖아' 섣부른 응원은 생각 없는 자의 값싼 동정이거나, 새삼 그에게 불구를 각성시키는 좌절감을 안기기 쉽다.

굽 높은 구두에 실룩이는 골반을 뽐내는 아가씨와 팔짱을 끼고 새싹 파란 봄날을 가로지르기. 근육질 종아리를 뽐내며 백두 대간 종주하기. 좋아하는 축구하기.
하고 싶은 꿈으로 살을 불리는 20대다. 그것이 허물어지는, 기대를 꺾는 고통은 삶 전체가 꺼지는, 채워지지 않는 허기다.

그렇지만 그는 오른쪽 무릎 위와 왼쪽 무릎 아래를 잘라 내는 상실에도 굴복하지 않고 군 생활을 이어 갔고, 조정 선수로 다시 태어났다.

"현실을 받아들일 수밖에 없었어요. 현실을 인정하고 응원해 주는 부모님이 큰 힘이 되었죠."

"조정을 선택하게 된 이유라도 있나요?"

"배를 탈 때 느낌이 좋았어요. 내 힘으로 물살을 가르는 게 색달랐고 풍경이 지나가는 모습이 신기했어요."

"풍경이 지나가는 모습이 신기했어요" 이 말이 수줍게 미소 짓는 그의 얼굴만큼 순순하게 다가온다. 그가 다시 태어났음을 알게 해 준다.

나도 비슷한 경험이 있다. 다리나 팔이 잘려 나가진 않았지만 간발의 차이로 황천길에서 목숨을 건져 올린 일이 있다. 중학교 입학식 날 연탄가스에, 여수에서 교통사고가, 뉴욕에서 권총 강도가 그랬다.

다시 태어났을 때 다가오는 풍경의 신비함. 그 어렴풋함을 선명한 그림으로 되살려 준 하 중사.

물살의 일렁임을 잘려 나간 살결의 흔들림으로 물빛의 옹알이를 체험하는 기적은 그가 얼마나 풍요롭게 세상과 접촉하는지 들려준다.

기적이란 물이 불로 바뀌거나, 잘려 나간 다리가 다시 솟는 것일 수 없다.

'신통병묘용 운수급반시神通竝妙用 運水及搬柴.' 신통이란 나무하고 물을 길어오는 일이다 하지 않던가?

기적은 눈앞의 풍경이 신비의 불가사의로 다가오는 감동이다.

두 다리로 걷는 것이 얼마나 경이로운 일인지 아는 자는 잃어버린 두 다리를 보지 않는다. 기적을 보는 자의 눈엔 모든 것이 기적이기 때문이다.

오늘도 힘차게 물살을 가르는 그가 증명하고 있다.
나뭇잎이 초록으로 물듦. 초록 잎이 빨갛게 단풍 듦. 낙엽이 땅속에서 다시 나무를 타고 올라와 붉은 열매로 바뀜. 눈의 깜박임. 숨을 들이쉼. 의족으로 불어나는 다리. 신기하지 않은 일이 하나도 없다. 자세히 살펴보면. 감탄하는 능력이 있다면.

일상으로부터의 감탄. 그 소소함의 소소하지 않음을 일깨워 준 하재경 중사님, 고마워요.

고사

늦은 저녁, 한잔 걸치고 친구와 함께 청파동 자취방으로 들어오는데 빌라 마당에 고사상이 펼쳐졌다. 위층 아저씨가 차를 새로 뽑은 모양이다.

처음 출시된 최신형 지프 갤로퍼 앞에 돗자리가 깔리고 막걸리와 과일, 지폐를 물고 웃는 돼지머리가 놓였다.

"저건 미신이야."
"아니지. 저 지극함이야말로 종교이지." 방에 앉아 친구와 설전을 벌인 기억이 있다. 젊은 내가 어떤 주장을 펼쳤는지 알 수 없지만 지금은 분명한 입장을 지니고 있다.

가령, 차를 운전하고 가다가 갑자기 다른 차가 휙 하니 끼어들었다 치자.

'아니 저놈의 새끼가…….' 놀란 가슴을 진정시키기도 전에 경적을 마구 울려 댄다. 핏대를 세우고 쌍욕을 퍼붓거나, 창문을 열어젖

히고 삿대질이다. 분을 못 이겨 그 앞으로 치고 나가 급브레이크를 밟는 등 위험천만한 보복 운전을 일삼으며 날뛰는 자에게 고사는 미신에 그치고 만다.

고사를 지낸 사람의 속내는
'비나이다. 차신이시여, 저를 어여삐 여기소서. 언제나 저와 가족을 보호해 주시고 사고가 없도록 해 주소서. 차신이 가호함을 믿습니다.'
바라는 바를 이루게 해 달라는 간청에 지나지 않는다.

별안간 차가 끼어드는 상황에서 또 어떤 이는
"깜짝이야, 차 님도 놀라셨죠? 미안합니다. 제가 조금만 더 주의를 기울였다면 차 님을 당황하게 하진 않았을 텐데. 용서하세요. 앞으로 더욱 조심하겠습니다."

또는
"어이쿠. 놀랐잖아요. 선생님, 많이 급하신가 보군요. 그래도 이건 위험하잖아요. 한소끔만 늦추세요. 빨리 가는 말이 멀리 가긴 합니다만 너무 멀어 못 돌아오시면 어쩌시려고요. 선생님, 부탁드립니다. 흥분을 가라앉히시고 조금만 천천히 가세요."

먼저 자기 옷깃부터 추스르고 마음을 다잡는다. 상대방을 질책하기보다 그의 안전을 염려하고 빌어 준다.

이 사람에게 고사의 의미는 호응이다.

차가 하나의 물건이 아닌 인격체다. 존중해야 할 친구이고 대접하는 만큼 대답하는, 호혜적 협력 관계를 쌓아 가는 동반자. 부름에 응답하며 함께 길을 만들어 가는 도반이다.

'차 님이시여. 고되시더라도 역정을 가라앉히시고 길을 살펴 주소서. 너그러움을 베풀어 다치는 사람이 없도록 도와주소서. 어려움을 만나면 함께 헤쳐 나갈 용기를 북돋아 주소서. 제가 차님께 친절을 베푸는 만큼 제게도 친절을 베풀어 주소서.'

경솔하지 않도록 단속하고 성심을 다하도록 격려하는, 생의 조력자로서 더불어 나아감을 서약하는 의식. 종교다.

'비나이다. 비나이다.'
'믿습니다. 믿습니다.'
나의 자취는 없고 신령에 기대어 요행의 바람만 있다면 미신이다.

'정성을 다하겠습니다. 굽어살펴 주소서.'
살이의 운전대를 잡고 있는 주인으로서 나의 친절이 함께한다면, 우연에 의지하지 않고 스스로 만든 길을 신뢰하도록 응원하고 밑받침한다면 종교다.

그때 그곳에 지혜로운 행동이 같이한다면 종교이고

막연한 소망만 있다면 미신이다.

미신이냐 종교냐는
그곳에 '내가 있나 내가 없나'로 나뉜다.

화내는 것도 습관이다. 이것만 알아도 미신에서 벗어나 참 종교인으로 가능하지 않을까?

김 연아와 황진이 그리고 아리랑

노세 노세 놀다나 가세   청산리 벽계수야
저 달이 떴다가 지도록   수이 감을 자랑 마라
놀다나 가세   일도 창해하면
아리아리랑 쓰리쓰리랑   다시 오기 어려우니
아라리가 났네.   명월이 만공산한데
에헤 아리랑 음음음 아라리가 났네. 쉬어 간들 어떠리

아리랑 노래를 불러 봐요. 농부는 나뭇짐 지게를 받치고, 제비가 봄바람을 물어 오자 먼 산 너머 고개를 들고, 아리랑.
 소먹이 아이가 개울가 모래집을 토닥대며, 아리랑.

앵두나무 우물가에 물 긷는 동네 처녀, 담장 너머 설핏 꽃 설렘에 자지러져 아리랑. 밭 매던 아낙, 언저리 돌아 빼꼼한 고라니. 님 손짓인 듯 아리랑.

먼저 간 큰 녀석 재 너머에 묻어두고, 지어미 등에서 딸아이 배고픈 울음을 어르며, 아리랑. 품앗이 논고랑에 어우리 더우리 허리를

펴며, 두리둥실 아리랑.

  나라님 전장에 나시었네. 두건 두르고 소리 높여 보세. 아리랑 아라리요.

  쓰리랑은 쓰라림이요, 삶의 질곡이에요. 햇살 아래 뜨겁게 타오르는 생의 생채기요. 빛을 떠나지 못하는 그림자요. 꽃그늘에 들어 때를 마련해 두고 지긋이 기대어 선 바람이오.

  그 바람이 숨죽이며 응시하는 긴장이에요. 한밤을 삼켰다가 토해 내기를 내내, 울부짖는 소쩍새의 붉은 목마름이요. 울타리를 넘어온 나비가 낯설어 두려움이오.
  눈보라의 칼날을 부리로 쪼아 가며 그믐을 넘겨야 하는 부엉새의 배고픔이에요.

  쓰리랑 햇발이 따갑고 고통스러워 견딜 수 없을 때쯤이면 고개를 넘어야 해요. 고개 너머에 아리랑이 계시기 때문이에요. 밝은 태양 아래에선 고개를 찾을 수 없어요. 온통 쓰리랑뿐인걸요.

  쓰리랑 고단하고 지칠 땐 잠시 손을 놓고 눈을 감아요. 눈을 감으면 고개가 보일 거예요. 고개는 어두움이에요. 그렇다고 막연한 암흑이 아니에요. 가물가물 어둠이 이어 놓은 징검다리를 건너는 거예요.
  고개는 그렇게 눈을 감고 건너는 마음의 언덕이에요.

자연의 고개고개마저 마음 안의 언덕으로 끌어들여 극복하고자 함이에요. 쓰리랑 너머엔 분명 아리랑이 있을 거예요.
아리랑이 계시리라는 믿음으로, 희망의 봉우리를 마음 이편에 세워요.

고개가 없다면 아리랑도 찾을 수 없을 거예요. 왜냐면 쓰리랑 벌판에 아리랑이 온전히 계실 곳을 두려면 경계가 있어야 하죠. 그 경계 지음이 고개이어요.

누구나 고개 하나씩은 짊어지고 살아가야 해요. 아리랑을 만날 수 있는 구름다리가 있기에 살아지는 거예요. 아리랑 맞이 오작교마저 없는 쓰리랑 생이라면 어찌 견딜 수 있겠어요.

아리랑(이 계시는) 고개로 나를 넘겨나 주소…….
아리랑-그것은 저 달이에요. 달은 그냥 뜨는 게 아니에요. 내 마음이 띄워 올린 노래에요.
저 달이 떴다가 지는 것은 내가 달을 굴려 가기 때문이에요.

어둠의 고개 끝에서 만나는 아리고 맑은 얼굴.
하늘에 걸어 놓은 내 꿈이오. 신념이에요. 막연한 이상이 아니에요. 꿈꾸는 대자유, 희망이 마련해 둔 또 다른 현실이에요.

쓰리랑 쓰린 삶의 저편에서 아리랑이 손사래를 쳐요-조금만 더 참아 보거라. 조금만 더 기다려 보자꾸나. 아리랑은 살이를 녹여내는 위안이오. 은하수 별 무리 따라 가지마다 제집을 찾아 들어온 꽃봉오리에요.

소소하게는 잃어버린 아들을 다시 찾음이요(아들딸 낳아 달라고). 떠나간 님이 춘풍 이불 속을 파고듦이요.
은혜 하는 님에게 마음이라도 들키고 싶은 수줍은 열병이에요.

개인의 열망이 모이고 뭉치면 아리랑은 민족의 도도한 강줄기가 되어요. 역사의 고개를 넘는 아리랑이 되어요.

그것은 삶의 근본을 바꾸는 변혁의 춤사위가 되어요. 고구려 벽화를 보아요. 전장(사냥)을 누비며 활 쏘는 낭군 옆에서 춤추는 여인의 몸짓은 민족의 아리랑이에요.

아라리-쓰리랑이 아리랑을 만나 뿜어내는 생명의 물줄기에요. 그것은 균형의 즐거움이요, 혁명이에요. 찰나가 영원과 교감하는 순간이기도 하죠. 고운 님을 맞이하는 희열이요,

소쩍새가 밤을 토해 피워 낸 두견화요. 동지섣달 꽃 본 듯이 나를 보는 님의 눈길이에요. 너와 내가 함께 건너온 강줄기라면 웅혼한 민족의 기상이 되어요.
시원의 하늘집이 천지에 두루 펼쳐짐이요. 치우침 없는 하늘집이

삶 안에 내려옴이에요.

 쓰리랑이 아리랑을 얻을 때의 신명. 그 창조적 성취가 아라리예요. 아리아리랑 쓰리쓰리랑 아라리가 났네.
 노랫말의 순서에서 보듯 쓰리랑이 아리랑을 찾아가는 여정이지만, 아라리는 쓰리랑을 부정하지 않아요. 마치 달이 빛과 어둠 어느 쪽도 거부하지 않듯이.

 쓰리랑과 아리랑이 어우러져 무지개 꽃을 피워 냄이 아라리예요. 꽃과 꽃 사이에는 비바람의 거리가 있고, 그 거리 어디쯤의 고개를 넘어 아리랑에 도달했을 때에, 비로소 꽃이 진정으로 꽃을 얻음이요, 아라리라는 신명의 향기를 피워 내요.

 우리 조상이 꽃이나 나무를 분재에 가두지 않은 이유예요. 꽃이 아리랑을 얻어 아라리 신명 울리는 일을 방해한다는 것은 있을 수 없으니까요.

 황진이 님의 시조를 보면 아리랑이 잘 드러나 있어요. 맑고 푸른 물(벽계수)이라 하나 이르는 곳은 바다요-양반이나 상놈이나 잘나고 못난 죽음이 따로 없듯이(맑은 물이나 흙탕물이나 바다에 들면 똑같은 짠물이 되듯),

 밝은 달(명월)이 비추는 세상은 귀천을 드러냄 없이 천지를 온전히 품어요.

 달이 천강을 비춤은 누구에게도 기울지 않고 치우침이 없기 때문이에요. 어찌 해만 보고 밤의 어둠은 외면하려 드는가. 밤과 낮이 어울어져 명월이라는 참꽃이 열리는 것이어요.

 삶이란 빛도 어둠도 아닌 어슴푸레한 어지럼증. 한치 앞조차 가리지 못하는 안갯속. 무궁한 시간의 나래짓에 아주 잠시 흔들린 흔적일 뿐.

 탐욕과 절제 사이, 절충점을 찾지 못하고 허공을 헤젓는 찰나의 눈빛이련만, 그림자를 보고 빛을 얻었다 할진대. 빛을 보면 그림자부터 매달아야 직성이 풀리는 너는 언제쯤 짐을 풀어놓고 쉬어 보리?

 어둠 속에서조차 에헴, 메아리를 붙여 놓고 그림자라 우기지만 그것은 너의 공포일 뿐, 어둠 속에선 자신이 그림자임을 알지 못한다.

 명월의 헛헛한 발걸음에서 그림자를 떼어 놓겠는가? 온 천지를 펴고 누운 달은 네 어리석음을 묻는다.
 '나는 빛인가 어둠인가? 누가 주인이고 누가 그림자인가?'

 바다가 죽음의 평등을 상징하듯, 명월은 살이의 평등에 대한 일침이에요. 쓰리랑(신분 차별)이 고개를 넘어 아리랑(평등)을 부르짖는 외침이자, 혁명의 깃발을 치켜세움이에요.

 사람됨의 시원이 그러하듯, 인간에게 온전히 내려앉은 하늘집이, 이데올로기에 함몰되어 핍박받음을 깨어 부수고자 함이죠.

 벽계수야, 이는 사람을 돌려 세우는 부름이 아니에요. 세상의 편견과 아집에 대항함이요. 무지와 불화에 대한 질타에요. 에헴 모가지에 거드름 돋는 양반 님네를 후려치는 매서운 회초리이에요.

 황진이 개인이 고개를 넘어가기엔 너무나 벅찬 아리랑이었지만, 그 외침은 역사에 길이 기록되어요.

 그 이전 고려가요 가시리. 살어리 살어리랏다. 널 나와 시름한 나도 청산에 살어리랏다. 윤동주 님, 별을 노래하는 마음으로 모든 죽어 가는 것을 사랑해야지.
 한용운 님, 님의 침묵을 휩싸고 돕니다. 내 맘에 설움이 알알이 맺힐 때 진주보다 더 고운 아침이슬처럼……

 이 모두가 쓰리랑이 아리랑을 향하여, 고개를 넘어가는 여정을 노래한 것이에요. 그 길의 완성은 아라리 혁명을 이루어 내는 것입니다.

 아라리가 났네-아라리를 일으켜 세움이요, 아라리를 불러냄이요, 아라리를 풀어내어 제 길에 올려놓음이에요.

아라리가 났다 함은 작게는 한 개인의 기쁨을, 널리는 인간을 이롭게 함으로써 얻는 신명이에요.
그 아라리가 우리의 피 속에 흔적 지워 유유히 이어져 내려와요.

논개 님이 외장을 안고 벼랑을 뛰어내림도, 유관순 님이 인두의 지짐 속에서 만세를 멈출 수 없었던 것도, 이순신 장군의 신들린 칼춤도 아라리의 열망이 피 속에 진하게 기억되어 있기 때문이에요. 온 백성의 아라리 울림이 강강술래였죠.

우리가 연아에게 열광하는 것은 바로 아라리의 거대한 아름다움을 보았기 때문이에요. 아라리의 궁극은 아름다움이죠. 쓰리랑 눈물이 아리랑 고운 결에 들어 아라리 꽃을 피워 냈기 때문이에요.

쾌지나 칭칭나네 절로 어깨를 들썩이게 하는 열락의 꽃. 그것은 우리들 영혼의 옹이에 박혀 있는 분노를 넘어서는 것이에요. 연아의 피겨가 아리랑이 계시는 고개를 넘어가는 길 언저리.

드디어 연아가 몸을 풀어 아라리가 났네에요. 세계가 지켜보는 가운데 아라리가 웅장하게 용솟음하는 것을 그려 보아요.
아라리가 이젠 한민족을 넘어 세계의 마음속에서 달을 굴려 가기 시작했어요. 우리 민족의 새로운 탄생을 연아가 이루어 낸 것이에요.

아라리가 세계인들에게 영혼의 고향이 되는 순간을 맞이했다고 생각해 보아요. 떨리지 않나요?

  너와 나의 가슴속에 웅크리고 있던, 저 악랄한 일제에 의해 훼손되고 가려 있던 하늘집-아라리가 드디어 세계로 펼쳐 나가요.
  가녀린 연아의 작은 손끝 떨림으로도…….

  연아 아리랑으로 글을 맺어요.

  타세 타세 미끄러미 도세
  저 달을 굴려나 보세
  꽃나비가 눈을 뜬다
  아리아리랑 쓰리쓰리랑 아라리가 났네
  아리랑 고개로 넘어간다.

황진이를 만나다

   황진이가 나주 목사의 부름을 받고 관아의 대청마루를 올라선다. 잔치는 무르익어 기생들의 비단 옷고름은 헤쳐지고, 얼콰하게 오른 양반님네의 희롱은 바람을 입에 물고 하늘거린다.

   해진 저고리에 헝클어진 머리카락. 땟국물 떨어지는 얼굴 위로 발그름히 솟아오른 두 뺨에서 무르익은 여인네의 젖내를 풍기며 황진이 자리를 비틀고 앉는다.

   "어허, 어느 안전이라고 방자하구나" 아전이 나서자 목사가 보료에 기댄 채 아랫것에 손사래를 친다.

   황진이의 입성과 행실이 못마땅한 양반 님네들이 혀를 끌끌 차자 황진이가 가야금을 뜯으며 한 자락 시를 읊는다.

   청산리 벽계수야 수이 감을 자랑 마라
   일도 창해하면 다시 오기 어려워라
   명월이 만공산한데 쉬어 간들 어떠랴

눈이 휘둥그레진 좌중은 그제서야 진이를 알아보고 자리를 당겨 앉는다.

황진이가 치마를 추스르며 자세를 고치는데 살 오른 허벅지가 살포시 바람을 엎지르고 내린다.

"내 이름은 익히 들었노라. 이제 그대를 만났도다." 허리를 받쳐 세운 목사가 침을 꼴깍 삼키며 한 마디 던졌다.

황진이가 저고리를 벗어 들고 바늘 골을 헤집으며 태연자약 이를 잡는다. 사또의 얼굴에 피라도 튀길 듯이 두 엄지손톱을 짓눌러 기름진 이를 뭉갠다.

"해어화. 내가 말귀 알아듣는 꽃으로나 보이오?"는 소리 같다.
"어흠. 흠" 목사가 헛기침하며 진이를 굽어본다.

"내 하늘에 높은 달, 명월이오. 아시오? 지체 높은 왕실 어른도 달 아래를 구비 도는 실개천에 불과하지 않았겠소?"
"벽계수라 이름하는 태렷다?"

"벽계수? 청산의 계곡을 흐르는 푸른 물이라 힘깨나 주었겠지요. 바다에 당도해서도 맑은 물이라 골라내겠소?"

"네가 지금 나를 희롱하는구나. 살아서나 양반이지 죽어서도 양반이랴는 소리렷다?"

"하늘의 해는 보면서 어찌 달은 보지 못하오?"
"내 너를 보고 있지 않느냐?"

"여전히 벽계수라 우쭐대겠소? 아직도 그대 눈에 내가 기녀로 보이요? 더러운 황토물로 보이요?" 말하듯 황진이 눈곱을 떼어 내고 다시 옷 주름을 훑는다.

"달 아래 푸른 물과 흙탕물이 나뉘던가요? 집이면 집, 나무면 나무, 사람이면 사람이지 어느 달이 양반 쌍놈을 가려 비추던가요? 쉬이 간다 자랑 마오. 그래 봐야 다 같은 짠물. 바다라오."

"바다에 다다라 계곡을 거슬러 오를 수는 없는 노릇이다는 말이렸다. 그렇지만 세상 이치가 어디 그러하더냐? 높고 낮음 없이 어찌 물이 바다로 갈 것이며 나비가 똥밭에 앉지 않는 법. 귀천 없이 어찌 나비가 꿀을 모으겠느냐?"

"언제까지 바다를 모르는 한낱 개울로 남으려 하오? 벽계수와 황토물이 바다에서 하나이듯 깨끗하고 더러움도 달 아래 하나요. 빛이라 하나 어둠 없이 빛이 있었겠소?"

"그림자를 구별 않고 어찌 몸을 만져 보겠느냐? 추를 가려야 미를 알아보는 법."

황진이 부스스 나부끼는 머리카락을 손으로 벗겨 넘기고 자리를 고쳐 앉는다.

"어머니 태에 든 것이 사람임을 보았지 먼저 미추를 셈했겠소? 추하다는 것도 바다에 이르기 전의 갯가지 아니겠소?"

"명월이라, 넌 빛이더냐 어둠이더냐?"
"아직도 빛과 그림자를 나누어야 직성이 풀리오? 명월이 하늘에 있소. 만공산에 있소?"
"지금 내 앞에 내려와 있음을 알겠구나."

"아직도 모르겠소? 어둠이 없다면 명월을 어디서 찾겠소. 만공산을 다녀가는 명월도 그곳에 어둠이 있기 때문 아니겠소? 어둠이 아니라면 반짝이는 별빛을 어찌 알아채리오?"

"아는 척, 잘난 척, 높은 척 말라는 소리렸다? 세상을 망치는 건 무지가 아니라 지식이라는 말이렸다? 앎은 무지의 한 가지에 지나지 않는 모름이렸다.

천년만년 갈 듯 으스대지만 잠시 회오리 돌다 스러지는 바람이렷다. 아무것도 모른 채 한 모금 달빛을 떼어 물고 뒹굴다 만공산에서 잠시 쉬어 가는 생이렷다."

"빛이 어둠의 자궁에서 나고, 앎이 무지의 모태에서 나오는 것 아니리오?"

"빛은 빛이 아니요. 앎은 앎이 아니오. 미는 미가 아니요. 추는 추가 아니요. 귀는 귀가 아니요. 천은 천이 아니요. 나무를 쪼갠들 나무가 아니더냐.

이러니저러니 해 봐야 벽계수는 바다를 모르는 조그만 분별. 무엇이 있어 명월이오. 무엇이 있어 바다더냐?

어둠이로구나. 하나의 큰 분별이로구나. 무분별의 큰 분별. 어둠을 앞세우고 가자꾸나. 그래 만공산에 명월이 높도다. 한바탕 춤이나 추자꾸나."

명월이 저고리를 꿰고 일어선다. 도포 자락 펄럭이며 혼자 덩실덩실 춤을 추는 목사를 뒤로하고 걸음을 돌려 마루를 내려선다.

믿습니까?

"믿습니까? 그렇다면 아멘 하세요!"
세상에서 가장 음흉하고 난폭한 언어 가운데 하나가 아닐까 싶다.

논리적으로나 철학적으로 성립할 수 없다. 논리적으로 보면 위 말은 '불신과 부정'을 전제로 한다.
우리가 무엇을 안다고 하는 것은 '집단적 동의'이고 그에 대한 '믿음'이다.

한글을 세종대왕께서 창제하셨다는 것은 모두 수긍하고 인정한다. 실제 한글을 창제하시는 모습을 본 사람은 아무도 없지만 우리는 믿는다. 역사의 기록이 있고 세종께서 창제 원리를 밝혀 놓으신 책이 존재하기 때문이다.

하늘이 파랗다는 것은 집단 경험의 산물이다. 누구의 눈에도 파랗게 보인다. 내 눈에는 파랗게 네 눈에는 노랗게 보인다면 그렇게 말할 수 없다. 모두가 동의하지 않는다. 이러한 사실은 사회적, 정치적 상황이 바뀌거나 시간이 지난다고 해서 변화하지 않는다.

"한글은 세종께서 창제하셨습니다 믿습니까?"

누가 당신의 오른팔을 잡고서 '이것은 오른팔입니다, 믿는다면 아멘 하세요' 한다면 당신의 반응은 아마도 '별 미친놈을 다 보겠네'일 것이다. 일반적인 앎. 자연스러운 것. 당연한 것에 믿음을 확인할 필요가 없기 때문이다.

'믿습니까?.' 이는 '아니다'라는 일반적 부정을 '이다'로 전환하는, 동의를 만드는 작업이다. 믿음을 요구할 수 있는 것은 명백한 근거이지, 몇몇의 강제된 동의가 아니다.

'믿는다면' 이 말속에는 이미 '믿지 못하겠지만'이라는 의미가 조건 된다.

철학적으로 보면, 저것은 적과 동지를 구별 짓는, 배타적 권력 행위. 통제를 위한 수단으로 폭력이다. 가짜 위조품을 사람 간에 주종 관계로 치환하는 위장 장치다.

목적은 위장이 아니라 지배와 권력이다.

마술을 보자. 마술사가 우리를 속이는 것 같지만, 실은 우리가 스스로를 속인다.

밧줄로 꽁꽁 묶인 마술사가 상자를 탈출해 다른 공간으로 이동하는 마술이 있다. 실은 묶인 게 아니라, 묶인 것처럼 보이는 위장 기술이지만, 우리는 묶여 있다 생각한다.

미모의 보조원이 시선을 빼앗는 동안, 마술사는 재빨리 기어서 다른 상자에 들어간다. 우리는 관심을 빼앗기는 동안에도, 의식은 여전히 저 안에 마술사가 묶인 채 있다 생각한다.

기억과 의식의 습관적 진행이 자신을 속인다. 기만적 상상력이 작동하여, 마술 감상이 가능하다. 의식의 약점과 한계가 노출된다.

만약, 묶인 것처럼 보이는 교묘한 기술은 어떻게 조작했을까? 공간을 이동하기 위해 어떤 장치를 해 놓았을까, 이렇게 생각이 닿는다면(사실 관계를 밝히려 든다면) 마술은 그 위력을 잃고 말 것이다.

마술사가 여러 속임수를 보여 주고 나서 "믿습니까? 그렇다면 아멘 하세요" 말한다 가정해 보자.
믿습니까? 말하는 순간부터는 이것이 속임(마술)이냐 아니냐 하는 것은 묻혀지고, 마술사가 왜 이렇게 해야 했나 하는 것으로 의식이 이동한다.

한두 번 마술에서 사람들은 놀라움과 감탄을 자아낸다. 여러 번 반복하며 그를 우러러보는 이들이 늘어나면, 마술사에겐 자연스레 권위가 생겨난다.

이때 믿습니까 하는 것은 동의를 구하고자 함이 아니다. 그 권위를 권력으로 바꾸는 속임수다.

믿지 않는다면 그의 질서에서 제외됨을 의미하고, 더 이상 경외해 마지않던 마술을 볼 수 없게 된다. 즐거움을 함께 공유하지 못하는 외톨이가 된다.

외눈박이가 오히려 정상이 되는 세계로 들어간다. 멀쩡한 눈알을 이단으로 만들어 뽑아내고, 한 눈으로만 세상을 보아야 한다 우겨댄다.

"믿습니까? 그렇다면 아멘" 외치는 순간부터 마술사는 메시아 행세가 가능하다. 이쯤 되면 불신은 곧 죄악이요, 공포다.
도덕적 맹아가 되어 그저 '믿습니다'를 되뇐다.
영혼을 저당 잡힌 종이 되어, 그의 품에서 안식을 찾는다. 믿습니다를 반복해야 불안이 해소된다.

믿습니까, 이 한마디가 간단한 눈속임에 불과한 마술이 기적이 되고, 감탄해 마지않던 눈매와 표정들은 순종 의식이 된다.
긴장의 시간과 공기는 권력으로 묶이게 되어, 통제와 조작이 가능해진다.

마술사는 신의 음성을 옮기는 무당으로 승격한다. 메시아를 기점으로 거대 배타 조직이 완료되는 순간이다. 그 말 한마디가 엄청난 폭력이 되어 사람들을 두려움에 떨게 한다.

"골이 지끈지끈 쑤시고 무릎 아픈데, 발이 저려 잠을 못 주무시는 분, 마누라 샤워하는 소리만 들어도 사타구니에 진땀 빼는 남정네. 누굴 쳐다봐. 당신 말이야 당신. 딱 한 달만 먹어 봐. 먹어나 보고 나서 말을 해."

핏대를 올리던 약장사가 마지막으로 결정타를 날린다.

"이 만병통치약이 단돈 만 원. 믿습니까? 단돈 만 원에 모시겠습니다." 약이 진짜인지 가짜인지 사실 관계는 뒷전으로 밀려나고, 오로지 엄청 싸게 봉사한다는 것에 의식이 쫓아간다.

밑져야 본전이란 식으로 자신을 속인다.

'믿습니까' 몇 번 반복하면, 긴가민가하면서도, 음 그렇군, 따라가게 된다. 거짓이 만연하면 거짓은 거짓이 아니다. '혹시나', '역시나' 기대와 실망을 줄 타는 마술사다.

뻔뻔함과 수치심은 구별되지 않는다. 참이 오히려 거짓일 수 있다는 의혹의 불씨를 풀어놓는다는데 무서움이 있다. 불신이 만연하는 곳엔 거짓이 참을 둘러싸고 감시한다.

그 잔학했던 깡패 독재의 마술사, 윽박지르는 버르장머리에 물든 사람이 '복지요, 경제 민주화요. 믿습니까? 그렇다면 한 표' 열심히 약을 팔아 댄다면……

잘못 물었다간 또 어떤 낭패가 기다리고 있을지. 메시아의 울타리를 벗어났다가는 사탄(빨갱이)으로 몰려, 광우병 걸린 스펀지 뇌마냥 영혼 살인을 당할지 모를 일이다.

나는 나다

나는 키가 작다. 그런데 남자의 키란 눈에 보이는 것이 아니란다. 눈에 보이지 않는 그것, 그것이 큰 남자를 이름하여 큰 놈이라 한다. 그것이 무엇일까. 그대의 상상에 맞기며…….

난 키가 작다. 작아도 아주 작다. 남들이 물으면 그래도 180은 조금 못 된다 한다. 어쨌든 180은 안 되니깐. 조금이란 부피는(질량이란 표현이 더 어울리겠군) 님의 도량의 크기로 남기기로 하고…….

내가 질문 하나 할까? 남자가, 키가 크다고 하늘의 별을 딴 사람을 보았나? 손이 크다고 지구를 들어 올린 사람을 보았어?

제아무리 입이 크다 한들 숟가락 하나 들어가긴 마찬가지고, 제아무리 발이 크다고 한들 양말 속에 들어가지 않는 발은 없어. 그렇담 남자는 이것저것 커야 할 필요가 없다고 생각해. 그것 하나만 빼놓고. 그댄 그것이 무엇인지 아는가? 남자가 꼭 하나, 커야만 하는, 그거!

알고 있음 대답해 보렴. 무엇이든 좋아. 님 상상되는 대로. 한국도 이제 표현의 자유가 보장되어 있으니, 말 못 할 무엇도 없잖아.

어떤 여자는 코라고 대답하더라. 나 참, 남자가 코가 작아 숨을 못 쉬고 뒈졌다는 말을 들어본 적 있냐고 내가 되물었지.
없다고 하더군. 나 또한 그런 말 들어보지 못했으니······(그 여자의 상상력이 심히 의심스럽더구먼).
코란 숨이 들고 나는 구멍만 제대로 뚫려 있으면 되는 거 아닌가?

또 어떤 여잔 내 눈치를 실실 보면서 기어드는 소리로 '거~시기' 하고는 얼굴을 파묻고 끼룩끼룩 하더군. 옆에 있던 여자들도 뭔가 안다는 듯 호들갑스럽게 웃더군.
거시기? 거시기는 또 뭐람? 참 알 수 없는 세상이야.

"거시기라, 그건 또 어디에 쓰이는 물건이죠?" 물었더니 까르르 자지러질 뿐. 대답을 않는다.

"허 참나. 웃지 말고 말을 해 보소. 그럼 아저씨는 거시기가 큽니까?" 뭐가 좋은지 이젠 아예 뒤로 넘어간다.

대답을 못 한다면 내가 적나라하게 말하지. 남자가 꼭 하나, 커야 할 그거. 그건 다름 아닌 가슴이란다. 가슴!

등소평이 150 단신으로 12억 중국의 별을 딸 수 있었던 것도, 나

폴레옹이 155도 안 되는 단구로 유럽 대륙의 별을 딸 수 있었던 것도, 그들은 가슴이 컸기 때문이 아니겠어?

 이렇듯, 남자는 가슴이 커야 하늘의 별도 따고, 지구를 들었다 놓았다 하는 거야. 가슴이 커야······.
 하지만, 그들 가슴이 제아무리 크다 한들 이 내 가슴에 비하면 새 가슴에 불과하다는 사실을 알려 두고 싶군. 하하하하하(외교상 결례가 된다면 취소할게)

 그댄 지금 이 세상에서 유일무이 전무후무한 공전절후 사상 초유의 거대한 가슴을 지닌 남자랑 대화하고 있음을.
 살이가 마련하는 최고의 영광을 누리고 있다는 사실을 명심하도록, 하하하하하.

 내가 누군지 궁금하지? 내 얼굴을 입으로 풀어 보면, 조금은 낡았지만 그대가 닦고 기름칠하면 아직은 봐 줄 만해.
 몸을 풀어 보면, 부품 몇 개가 삐걱대지만 조이고 땜빵하면 아직은 부릴 만해.
 마음을 풀어 보면, 화덕의 심지가 많이 녹아내리긴 했지만, 그대가 장작 몇 개피만 던져 주면 아직은 쬐일 만해.

 반에서 1번을 놓친 적 없는 나의 키. 국민학교 졸업 사진 찍을 때(깡촌이라 흑백 단체 사진 2장으로 졸업 앨범을 대신했지) 성질 고약한 교장 선생님이 혀를 끌끌 차며 받침돌을 주워 와 내 키를 맞추었지.

"돈은 서천의 구름이란다. 구름을 쫓으려 말고 하늘을 본받거라." 말씀하시던 어머니. 입학식 날 딱 한 번 문턱을 밟아 본 게 전부였던 배움.

오빠한테 어찌 겨우 한글을 깨쳤을 뿐. 8살부터 골방에 눌러앉아 엄마(외할머니) 따라 삼을 삼고, 가마솥 아궁이에 제 키만 한 장작을 밀어 넣고 밥을 짓던. 지질하게 가난했던 집안.

9남매의 장녀로 나서 동생들을 업어 키워야만 했던. 세상에서 가장 존경하는 우리 어머니가 남겨 주신 거다. 내 키는!

(미국에선 졸지에 한 살을 버려야 했다. 미국의 나이 계산법은 아주 비인간적이거든. 한국은 태어나는 순간 1살이지. 엄마 뱃속에서 10달 인생에다 2달 덤까지 얹어서 1살로 쳐주거든.

참으로 눈물 나게 인간적이야. 근데 이 자들은 태어나면 0살, 일주일, 한 달 이런 식이거든.

뱃속에 든 것은 사람이 아니란 말인가? 눈에 보여야 손에 잡는, 아니면 눈에 드러나도록 계량화해야 직성이 풀리는, 그렇게 합리라는 이름으로 포장하는 단순성이 놀랍지.

때로 단순함은 막 알을 깨고 나온 듯한 신선함이기도 해. 시각화하는 단순함. 그들의 진짜 힘인지도 몰라. 내 것을 고집하지 않는다면, 그도 못 견딜 것은 아니더군.

근데, 그 여인이 말한 거~시기는 뭐지? 아직도 난 풀리지 않는 거시기 화두를 붙들고 골똘하고 있어. 참 거시기해.)

강물은 소리 없이 흐르고

(이 글은 연아 양이 O 코치와 갈등이 불거진 틈을 타 모 신문에서 김 연아 광고 호감도 어쩌고 하는 기사를 보고 쓴 것입니다)

50을 바라보는 내가 모델 때문에 쓰던 제품을 바꾸고, 모델 때문에 회사를 가려 상품을 선택하기는 연아 양이 처음이오.

그만큼 연아 양은 제게 한없이 존중되는 무엇이고, 잊히지 않는 감동이며, 충격적 영감, 미래에 대한 희망, 그것입니다. 그에 대한 경배로 그나마 내가 그것이라도 할 수 있어서 기쁘오.

단지 최고, 1등에 대한 경배가 아니오. 따스한 인간미와 성숙한 사회성-아시다시피 나눔과 배려, 존중과 겸손, 수만 번 엉덩방아 찧는 쓰라린 고통을 감내하면서도 수단과 과정의 절차적 정당성에 대한 정직한 믿음 등등.

돈의 품위가 어떠한지 보여 준 연아 양에 대한 존경이지요. 이것은 아마 저에게 국한되는 얘기가 아니라 봅니다.

부탁이오.

세계가 우러르는 연아양의 참됨을 한갓 상품 가치 따위로 버무리는 저런 천박한 기사는 더 이상 없었으면 하오.

이미지와 그 상품성-실체적 사실과 동떨어진, 역할 배역을 통해 연출되고 조작된 가상, 그로부터 각인된 환상의 세계-을 생명으로 여기는 연예인과,

어린 나이임에도 불구하고 생을 관통하는, 피나는 분투와 정직한 노력을 통해 이루어 낸 연아 양의 참됨을 비교하는 것은 실로 불쾌하오.

(사실 저 기사의 의도는 뻔하다. 연아 양을 은근히 독려하고 압박하는 고도의 전략이 숨어 있다.

O 코치와의 사태를 격은 후 충성심으로 더욱 공고하게 뭉쳐 있는 그 많은 연아 팬을 외면하고 모델(연아)을 바꿀 용기가 없는 광고주들이 어차피 계속 연아 양을 모델로 쓸 수밖에 없는 상황에 직면하여

1. 그럼에도(비록 호감도가 떨어졌다 하더라도-이것도 사실적인 실체라기보다는 그들의 의도에 맞게 짜집기된 것이리라) 우린 계속 연아 양을 모델로 쓴다(변함없는 충성 맹세를 알리고 싶었고).

2. 그녀의 가치를 더욱 높이는 것은(광고 효과를 증대시키는 것) 대회에 나가 일본을 두드려 주거나, 우승하는 것이므로 계속 그렇게 선수로 남아 인지도와 관심을 환기시켜 달라(이것도 연아 양의 공포스런 실력과 믿음에서 우러나는 당연한 귀결) 뭐 그런 메시지이리라.

걱정하지 맙쇼.
연아 양은 피겨로부터 자기완성, 예술에 대한 욕심이 많은 숙녀라오. 여건이 허락되는 한 작품의 완성을 통해 세계와 소통(아름다움과 융합하는 감동의 카타르시스)하고자 하는 것이 또한 연아 양이 추구하는 피겨이니…….

그 점에 있어서 연아 양은 아직도 배고파 하고 있을 것이요. 어디 보통 야무지고 똑소리 나는 아가씨여야 말이지. 다음 프리 선곡이 아리랑이라는 사실이(그것도 경술국치 100년에 이르러 일본 땅의 정수리에 내리찍는) 무엇을 의미한지 정녕 모르겠소?

레전드. 걸출 전설이라는 이름을 얻었다 함은 피겨에 임하는 고도의 정신 세계와, 그 세계에서 휘몰아치는 감흥의 회오리에 더불어 솟구쳐 헤어 나오지 못할 때에나 쓸 수 있는 것이요.
옆 나라의 누구처럼 그저 이기고자 똥줄 차게 뜀박질한다고 되는 게 아닙니다.

큰 강물은 아무리 멀고 힘들다고 하여도 바다에 이르는 길을 결코 포기하지 않는 법이오.

 바람이 있다면, 연아 양이 모델이 되어 회사에 많은 이익을 가져다주었다면, 그 이윤의 일부라도 자라나는 새싹들에게 지원해 주셨으면 합니다. 사려 깊은 연아 양의 마음을 헤아려 보건데 이 또한 연아 양의 바램이 아닐까 생각되어지고요.

 큰 강물은 조그만 냇물이 모이고 뭉쳐 이루어지는 법이오.

 말을 함부로 하는, 훈계랍시고 어쭙잖은 충고를 늘어놓는 점잖은 사람들에게 나의 생각을 하나 더합니다.

 뉴욕에 살 때 어린 조카들이 미국에 왔습니다. 이것저것 많이 경험해 보도록 주로 전철을 이용했습니다. 전철역엔 구걸하는 거지(홈리스)들이 많이 있지요. 조카들에게 물었습니다.

 "저들을 어떻게 생각해?"
 다행히 비판보다는 안됐다는 대답이 돌아와서 참 흐뭇했습니다. 제가 덧붙였지요.

 "그래, 안됐지. 그런데 저 사람이 거지라고 해서 함부로 비난해선 안 된다. 왜냐면 저 삶을 저들이 원해서 선택한 것은 아닐 테니까. 저 사람이 저렇게 되기까지 그간 사정이나 고뇌를 우린 알지 못하지.

그것을 알기 전까지 비난할 권리는 없단다. 설사 알았다 하더라도 비난에 앞서 네가 도울 일은 없는가부터 먼저 생각해야 한다.
네가 도와주어야겠다면 그리하면 될 일이고, 그렇지 않다면 그냥 네 갈 길을 가면 돼. 얻을 교훈이라면 네 몫이고…….”

비판은 애정의 다른 발산입니다. 맹목적인 시기와 질투와는 그 성격이 전혀 다르지요. 비판을 하더라도 저간의 사정을 올바르게 알고 객관적인 사실 관계의 바탕에서 이루어져야 합니다.

정치 행태나 사회 현상이 아닌, 특정 대상에 관해서라면 신중에 신중을 해야 하죠. 함부로 던진 돌멩이는 연못 깊숙이 박혀 있음을 아셔야 합니다…….

하기사 큰 강은 돌멩이를 던진다고 쉬 바닥을 드러내 보이진 않죠. 그저 가슴 깊숙이 품고 굴려갈 뿐.

(추가. O 코치와의 사태 전말이 다 드러난 마당에 더 이상 그-떠나가는 연아에 대한 집착, 아쉬워하는 몸부림쯤으로 치부해 버리고-에 대한 비난은 자제합시다. 그것이 속 깊은 연아 양의 마음 아닐까요?)

큰 강물은 흙탕물이 들어온다고 해서 쫓아내지 않고 결국 자신과 같은 물색으로 바꾸어 놓지요.

꽃은 핀다

마음을 수양한다며 몇 개월을 홀로 산골짝에서 지낸 적이 있다. 염증도 나고, 마음 붙일 곳을 찾지 못해 세상과 통하는 길을 닫아걸고 산속에 틀어박혀 별궁리 없이 지냈다.

무료하면 다람쥐 꽁무니를 쫓아다니며 심술도 부려 보고, 이름 모를 새라도 찾아오면 지저귀는 소리를 흉내 내며 말을 걸기도 한다.

'빼쫑 빼쫑 빼빼쫑' 음소는 몇 안 되는데 곡절과 박자가 절묘하고 소리의 휘어짐이 깊고 아득해서 따라 하기가 여간 쉽지 않다.
'너는 뭐시 그리 말이 복잡해?' 간결한 새소리가 나를 흉보는 듯하다.

놀아 주던 새도 해거름 따라 산을 넘어가면 넓적 바위를 타고 앉아 우두커니 하늘을 올려본다. 딱히 무엇을 하겠다는 것이 없으니 조바심칠 일 없고 걱정 없이 하루하루를 이었다.

대략 80여 일을 채우고 하산? 했다. 초췌한 몰골에 수염도 안 깎고 머리도 난발인 도사 같은 풍모를 하고 인가로 들어갔다. 마침 장날인지 시장 골목마다 시골 아낙들이 난전을 펴고 앉았다.

그리 오랜 시간이 아님에도 다시 만난 인정은 전에 못 보던 완전히 딴 세상에 온 것만 같았다.
'꽃이 활짝 피었구나' 시끌벅적한 시장의 첫인상. 나도 모르게 입에서 튀어나온 감동이다. 사람 사는 모양새가 이토록 아름다웠던가. 황홀하다.

'아름답다'는 의미가 진지하고 절실하게 다가오기는 처음이다.
'사람 산다는 게 이렇구나' 신비롭기도 하고, 야릇하고 엉뚱하면서 내가 외계의 별천지에 뚝 떨어진 착각마저 일었다.

'국화꽃이 부르네' 떨이인지 물간 생선 몇 마리를 놓고 지나가는 사람마다 손을 내밀어 당기는 시늉을 하는 반백의 할머니.

'몸져누운 나이 든 자식이라도 있는 걸까?' 사람들 얼굴을 일일이 쳐다보면서 들릴 듯 말 듯 주름진 입술을 달싹이며 건네는 손짓이 아리다.

머리 염색한 지는 오래고 초입에 든 가을바람을 막기엔 얇아 보이는, 꽃무늬 흐드러진 빨간 웃옷이 말라비틀어진 젖을 착 붙여 감쌌다.

한때는 주렁주렁 가지에 감 달듯 새끼들의 노란 부리를 매달고 있었을 불어 터진 젖이, 이젠 꿈결같이 아득한 고향의 여울 되어 낮은 소리로 흐른다.

긴 밤을 지새고 꽃 피우는 국화. 햇살일랑 물어다 새끼들 부리에 넣어 주고 달빛을 밟으며 놀란 까마귀 재우고, 부엉이 뜬눈 따라 그물코에 걸린 생선을 낚아채다 돌부리에 넘어지기를 수십 번.

밤을 먹고 피는 꽃은 무릎 키를 넘지 못하고 노랗도록 마른 피딱지가 엉겨 있다.

'수국이다' 시장 바닥엔 어울릴 것 같지 않은 갈색 베레모를 눌러 쓰고 진열 판 야채를 밀어낼 듯 "제주도 브로콜리 하나 2천 원 3개 5천 원" 남자의 목소리가 시원시원하다.

아들이나 딸이 있다면 이제 대학생쯤이겠다. 한창 돈이 새어 나갈 나이랄까. 시장 바닥은 으레 그렇지만 힘이 넘치는 목소리로 봐서 살이에 물이 올라 보인다. 돈 복? 자식 복? 각시 복? 성격이 본디 그런가?

바람 부푼 중년의 푼끼 때문에 숨겨진 흉터가 안 보이는지도 모르겠다. 친구한테 잘못 보증을 섰다가 길거리에 나앉은 적이 있을지도 모르지.

천둥을 맞았다고 소나기가 따갑지 않은 건 아니다. 큰 고난을 넘졌다고 가슴 한 점씩 뜯어 가는 바람이 어찌 아프지 않으랴.

남편으로 아빠로 형으로 동생으로 하다못해 제 성질머리에 부딪혀 삶이 으깨져도, 가슴 한구석에 고인 피가 곪아도 오늘 또 소리 질러야 한다. "빨강무 1개 천 원"

받쳐 들기에 점점 겨워지는 몸, 무거운 마음이라도 닳아 없어지면 좋으련만, 마음은 파랗게 부풀다 하얗게 꺼지고 잊을 만하면 보랏빛 빗금을 그리며 색깔만 달리할 뿐, 시름은 닳지 않는다.

바람에 뜯겨, 간다 말없이 날아가는 수국 꽃잎처럼.

'역시 장미는 쌔다' 저 아가씨, 굵은 방디 좀 보소. 나비를 부르기엔 분내가 너무 푸짐하고, 새를 부르기엔 어딘가 가지가 빈약한.

양털처럼 가볍게 부풀어 오른 노래가 걸음마다 반짝하는 것을 보면 봄볕을 타고 앉은 해당화 같기도 하다.

'아가씨, 아가씨' 비록 마음이지만 몇 번이나 불러 세웠다. 하기사 지금 저 콧대면 송 중기라도 손가락을 벨 태세인데 나 정도는 우습지도 않겠지.

동산을 다 끌어안은 나비가 봄을 차리듯 분꽃 피는 뺨으로도 사계절을 모두 펼쳐 놓을 듯하겠지. 숨 쉬는 칸칸이 꾀꼴새 뛰어나와 노래 부르겠지. 언제나 샘물 솟는 시작만 있지. 머리칼만 젖혀 올려도 붉은 꽃잎 틔울 테지. 가을비 녹슨 땅에도 웃음꽃 재잘대겠지.

지나가는 소나기에 꽃잎 밟히면 알겠지. 빨간 장미도 빨갛게 멍든다는 것을. 잎이 변해 가시가 솟듯, 풋사과 사랑도 물이 빠지면 심줄 질긴 권태가 무심히 시간이나 찌르겠지.

자식 이고 이파리에 톱니가 굵어질 때면 아줌마의 뺀질거림도 살 붙겠지. 감질나던 향기가 토라지면 비릿한 일상에 외로움도 더하겠지.

그래서
그래서 꽃은 핀다.

눈보라가 할퀸 자국이 아니면 꽃잎은 색깔을 가지지 못하고, 벌 나비한테 젖 물린 상처가 없다면 꽃은 향기를 품지 못한다.

꽃이 아름다운 건 아픔이란 색깔이 묻어서다.

시장 바닥에 꽃이 만발했다.

그대는 누구? 2

순자가 말했다-선함이 스스로에게 있게 되면 견고한 자세로 그 선을 즐거워해야 하고, 선하지 않음이 있다면 자신을 싫어해야 한다.

사람은 이익을 좋아하고 손해는 싫어하여 서로 쟁탈하고 양보하지 않는다. 사람의 성은 악하며 선한 것은 위(爲)이다.

순자의 성악설에서 악에 대한 오해가 있다. 순자, 맹자 모두 공자의 천명지위성-하늘로부터 내려받은 것이 성(타고난 마음)이다-을 본받는다.

순자는 하늘에 절대성을 부여하지 않는다. 하늘은 변덕스럽고 어지러우며 다툰다. 그것을 철학적 용어로 나타낸 것이 악이다.

순자의 '악'은 '악하다 나쁘다'는 단어적 의미라기보다 '결핍되다. 변덕스럽다. 원만하지 못하다'는 철학적 용법이다. 인간의 본성을 사회적 관계적 입장에서 중점을 둔다.

순자는 교육을 주장한다. 문화적 순화. 예술적 감성(음악)을 북돋아 인간이 선으로 나아간다고 본다.-그것이 위이다.
개인의 기량에 맡기기보다 사회적 역량을 북돋아 선을 전진시키고자 한다. 성장의 열쇠는 배움이다.

맹자의 성선설은 후대 유학자들이 공자의 적통이 맹자에게 있음을 드러내기 위해 순자와 대척점에 세우며 도드라진다.

순자의 '악'을 단어적 의미로 파악했기에 맹자의 선 역시 단어의 뜻으로 한정된다.

그러나 순자의 대척점으로 성선설을 내세운다면 '선' 역시 '착하다'가 아니라 '원만하다. 구족하다' 철학적 용어로 이해되어야 옳다. 맹자에게 하늘은 엄격하며 존엄하다.

맹자가 말한다-어려움에 처한 사람을 보면 애처로이 여기고(인) 스스로 의롭지 못함을 부끄러워한다(의). 자신을 낮추어 양보하며(예), 옳고 그름을 분별한다(지).

인간의 성품이 원만한 하늘을 닮아 몸과 마음을 닦음(수신)으로써 선한 의지로 일어난다. 길을 밝히는 들불로 피어난다. 존재론적 입장에서 성품의 아름다움을 말한다.
산이 나무로 그 높이를 오르듯 나를 키우는 건 양지이며 양심이다.

노자는 상선약수를 이른다. 지극히 좋은 것은 물과 같다. 물은 만물을 이롭게 하면서도 다투지 아니하고, 사람이 처하기 싫어하는 낮은 곳에 머문다. 다투지 아니하니 허물이 없다.

그대여 물처럼 하라.

소크라테스는 '너 자신을 알라', '나는 모른다는 사실을 안다' 끊임없이 상상력 있는 질문을 이어갈 것을 주문한다.

진리는 진리라 믿는 아집을 비움으로써 건지는, 고정태가 아닌 가능태로 살아 있어야 한다.

'이 산이 아닌가벼' 나는, 우리는 언제나 하얀 도화지를 마주 들고 어떤 산을 어떻게 그려 올라야 할지 머리를 맞대어야 한다.

예수는 '믿음과 소망과 사랑 중에 그중에 제일은 사랑이라' 한다. '믿음 소망 사랑 셋 중의 으뜸이 사랑이다'는 뜻이 아니다.

'네 이웃을 네 몸과 같이 사랑하라', '빈곤한 자를 불쌍히 여기는 자는 복이 있는 자니라' 으뜸 되는 믿음은 사랑에 있다는 뜻이다.

신은 예배당에서 '믿습니다'를 외친다고 증거 되지 않는다. 오래 참고 온유하며 자랑하지 않고 교만하지 않고 무례하지 않는 생활 안에 스며 있다.

구원은 하나님과 나, 수직적 관계의 사다리를 타고 오르는 것이 아니라, 이웃과 수평적 관계의 끈을 맞잡은 손에 있다.

부처는 '내가 없음. 무아'를 말한다. 존재의 실체가 없다. 자성, 그것이 그것이게끔 하는 성질이 없다 한다. 오직 불변하는 것은 변한다는 사실이다.

나는 내가 아니다. 무수한 다른 것. 유전자 공기, 물, 흙, 풀, 세균, 음식, 금속 등등의 집합체일 뿐.

'내 행동이 곧 나다' 내가 '있음'이 아니라, 나를 만들어 가는 행위로 내가 '드러남'이 있다.
내 안에 내가 있지 않음으로 나는 발견해야 하고 나를 발명해야 한다.

몸이 아니라 몸짓이 나다.
나는 나를 창조한다. 고로 존재 한다

무아의 본질은 나를 새롭게 창조해서 나를 극복하는, 나의 초월성에 있다. 나는 내가 아니기 때문에 나를 결정한다.
나의 실존을 어떻게 구하느냐, 무엇을 버리고 무엇을 선택해야 하는지 스스로 묻고 답을 찾아야 한다.

무아이므로 나는 언제든 새롭게 태어날 수 있다. 거듭남으로 윤회의 사슬을 끊는 해탈이 가능하다.

해탈은 완성형의 명사가 아니라 '나를 만들어 가는 행위' 그 자체, 동사다.

부처란 '완성된 자'가 아니라 '이룸을 향하여 나아가는 자' 스스로를 꾸짖고 잘못을 들추어 내는 용기로써 깨달음에 게으르지 않는 자. 길을 닦는 자이다.

나는 내가 아니므로 존재의 정답을 스스로 쥐고 있다는 면에서 나는 나다.

변화한다는 것은-나는 확률적 존재. 해석적 존재. 욕망적 존재. 변화적 존재. 제한적 존재임을 나타낸다.

변화적 존재를 적극 수용하면 나는 '변화되는 것'에서 '변화하는 것'으로. 무기력하게 낡아 가는, 피상적 구경꾼이 아니라 나를 적극적으로 바꾸는, 변화를 창조하고 즐기는 비로소 내가 나의 주인이 된다.

'100세 시대가 내게 알려 주는 것은, 여자 나이 70이면 시집가기 딱 좋은 나이. 삐딱구두를 뽐내고 가자 숲으로. 야생의 사냥터로.' 바꾼다는 것은 관습을 거부하는 투쟁. 내게 싸움을 거는 일이다.

싸움은 내게 아직 힘이 남아 있음, 불꽃이 사그라들지 않았음을 나타낸다. 내가 나에게 거는 싸움은 그것으로 승자의 위치에 서게 하는, 용기 자체가 내가 나를 벗는 해탈. 자유인으로 이끈다. 나의 변혁은 새로운 세계로 들어가는 문고리를 단다.

제한적이라 해서 존재가 스러짐으로 모든 것이 끝나지 않는다. 죽음은 또 다른 생명의 사건이다. '공수래공수거'(빈손으로 왔다 빈손으로 간다)라 하나 '업수래업수거'이다. 업은 행위의 쌓음이고 그 에너지다.

'네 죄가 너를 부르리라' 지은 업으로 가서 지은 업으로 되돌아온다 한다.

윤회(불화-윤회+진화)란 생명의 사건에 개입하는 업의 방식이다. 삶과 죽음을 되풀이하며 우리는 생명 사태에 끊임없이 참여한다.

생주이멸-태어나고 성장하고 변화하며 소멸한다. 성주괴공-이루고 머물고 무너지고 다시 비어지며 새롭게 채운다.
그 어떤 것도 단절되지 않고 연결되어 생명의 조건이 되고 결과가 된다 한다.

독을 쏘는 버릇을 들인 자는 뱀의 허물을 뒤집어쓰고 생명 사건에 관여하고, 젖을 내어 무릇 생명을 돌본 소 같다면 그 업에 알맞은 아름다움으로 생명의 탄생에 기여하게 된다 한다.
　마치 열매를 남기고 쓰러진 풀나무가 다시 탐스런 열매로 돌아오듯.

　'부처를 만나거든 부처를 죽여라'
　경계해야 하는 것이 종교적 도그마다. 고귀한 성품이 어찌 그들만의 성이 된단 말인가.

　사대부가 아니라고 해서 하늘로부터 이어 받은 그들의 엄숙한 성품을 빼앗아 가는 권리는 누가 내린 것인가? 민심이 천심이라 하면서 왜 하늘의 마음에 노비는 없는가?

　'내가 길이요, 나를 따르라'를 외치지만 몸과 마음을 닦는다는 수신은 한낱 종교적 탄압으로 바뀌고 거대한 검은 아가리가 된다.

　누구나 상선약수를 부르짖지만 물이 땅에 기대고 있음을 잊고 있다. 선이라는 것이 자기 입장에 기댄 자기 넋두리일 수 있음을 간과한다.

　힘이 약하면 자기를 모아 상대를 제압하는 물처럼. 종교적 절대로 자리 잡으면서 폭풍우로 날려 버리고 홍수로 쓸어 버리는 악다구니가 된다.

　아무리 좋은 것이라도 종교적 극단으로 치달으면 거대한 폭력이요. 지배를 위한 칼로 변질한다.

종교적 몰입은 위험한 타락이다. 종교적 단정은 모든 가능성을 닫는다. 빠져나오기 힘든 지옥의 화려한 환락가이다.

객관이라 믿는 것은 주관의 합의, 창조된 주관이다. 조상과 국가로부터 물려받은 생각, 경험이 만들어낸 관습물이다. 정해진 진리란 없다. 진리는 새롭게 창조되고 합의되어야 하는 문고리이어야 한다.

정-반
I
합

헤겔의 역사 발전 도식. 진리가 탄생하는 양식이다. 서로 상반되는 대립물, 테제와 안티테제 간의 투쟁을 거쳐 모순을 통일하고 새로운 합의점을 찾아간다.
변화와 운동을 촉발하는 에너지는 모순이다.

그 중심에 '내'가 있다. 나와 너 사이를 가로지는 벽이 있다. 서로를 덥히는 체온으로 벽을 녹이기보다 너를 쓰러뜨림으로써 길을 방해하는 벽을 허문다.

법-비

I

융

부처의 변증법이다. 투쟁이 아니라, 나를 내려놓음. 그침. 그리고 '이 뭐꼬?' 다시 들여다볼 것을 이른다. 다시 발견이다.

'다시 발견'은 융합으로 나아가는 신세계다. 변화와 운동을 이끄는 힘은 고통을 응시하는 따뜻한 시선이다.

다시 발견은 '이것이 진리다', '내가 옳다' 나를 고집하면 결코 도달할 수 없다. 내가 바라보던 익숙함을 벗어던지고 다르게 보는 것. 당연함을 비틀고 낯섬으로 다가가는 것이다.

관조자가 아닌 당사자로 선다. '있는 그대로의 그것'에 가까이하는 것. 중심은 무아로서의 열림. '뭔가 잘못됐다' 성찰과 반성이다.

'내가 틀릴 수도 있다' 열림은 나를 새롭게 발명하며 나의 초월로 이끈다. 흙탕물을 가시어 내도록 끊임없이 샘물을 부음이다.

'내가 말이야……' 나를 들고 닫혀 있으면 꼰대고 '그럴 수도 있죠' 나를 내리고 열림은 성인이다. 꼰대와 성인의 구분은 나이에 있지 않다.

'너의 아픔을 외면하지 않음'은 내가 거듭남이며 생명의 사건에 창의적인 힘을 부여하는 업 지음이다. 우연의 확률을 초극하는 필연의 지혜다 한다.

'부처의 가르침은 무엇이오?'
'악을 멀리하고 선을 행하라'
'누가 그걸 모르오. 세 살 먹은 아이도 다 아는데'
'세 살 먹은 아이도 쉽게 말하지만 팔십 먹은 노인도 제대로 알기 어려운 것이요'

'무엇이 악이고 선이요?'
'스스로 그 마음을 깨끗이 한다면 악을 짓지 않음이요, 선을 받듦이요.'

내가 나에게 묻는다.
그대는 누구인가?
어떻게 만들고, 어디로 가는
그대는 누구인가?

(끝)
('그대는 누구?'를 비롯해서 몇몇 편은 『나는 나다. 수필로 읽는 금강경』에서 옮겨 왔음을 밝힙니다.)